读客文化

西贝的服务员为什么总爱笑

贾国龙激励3万员工的管理哲学

贾林男 著

文汇出版社

/ 目　录 /

上　篇
西贝如何激励个体：西贝的产品是人

第一章　只看优点，不看缺点

"您二老保佑贾国龙生意兴隆……" /005

"通缉"许文涛：怎么对付调皮叛逆的职场小年轻　/017

他，一枚"定时炸弹"被这样感化　/019

如何用对"笨人"，打好"笨仗"　/022

第二章　敢于信任、放权、容错

如今年入千万的西贝传奇，曾是一位住地下室的北漂　/029

华为创始人任正非与西贝歌队的一段缘　/033

唱戏的也能当店长？/036

"党指挥枪还是枪指挥党？！"　/040

替干部买房："要打深山虎，先安四邻土"　/044

西贝三代店是如何创造出来的？/050

"真正的信任，是对自己的信任"　/058

如何管理知识精英？/063

人都是"练"出来的，练够没有？/073

中餐标准化：一碗泡面引发的灵感　/079

谁犯错，谁成长：西贝试错有"度"吗？/082

第三章　管理就是激发善意

白氏"孤儿"　/089

培养一个干部，改变一个家庭的命运　/095

真实往往比正确更有力量　/098

"唤醒一个是一个！"　/102

几件事，颠覆了他对餐饮业的认识　/107

从苦命青年到支部老板　/109

用"土办法"激发员工的善意　/114

好领导：从"警察"到"教练"　/118

"这是我爸爸！"　/120

30年，头一次说出"妈，我爱你"　/124

"熬鹰先生"的老板梦　/127

西贝羊肉品质是如何保障的？　/132

"靠骂靠罚搞管理，毛驴都能当经理！"　/138

第四章　先分钱，再赚钱

先给钱，再干活　/145

贾国龙"不爱钱"？　/149

分利：陷入精算逻辑，累死你！　/156

贾国龙如何给干部发年终奖？　/158

要想好，大让小　/164

利润费用化，西贝人一年学习费用1个亿！　/169

中　篇
西贝如何驱动组织：激励与约束

第五章　无须扬鞭自奋蹄

西贝式组织：要有山头，不要有山头主义　／179

西贝赛场：实现生产、运营标准化的"惊险一跃"　／184

西贝"黄埔军校"　／191

集体迷失！　／195

不要活在新闻里　／199

在西贝，无处不赛场　／205

如何处理一次严重的客访造假　／209

一切为了赢！　／215

第六章　为梦想而活，才不累！

好多人活不出来，是因为从没为自己活过　／225

公开提出"年入千万"目标后，贾国龙这样回应　／233

西贝梦想工程："你的愿望，就是我的命令"　／238

第七章　成就"成就人的人"

从"吹大牛"到"发大愿"　／247

西贝好汉工程："好汉养千口"　／250

领导者最重要的任务：培养新的领导者　／256

下 篇
贾国龙如何自我激励

第八章 贾国龙其人

贾国龙的原生家庭 /267

"打不死"的光头二传 /272

退学："女士们，先生们，爷不念了！" /275

贾国龙的经营原则："不、不、不！" /279

两次栽跟头明白了：改了性，要了命！ /286

也曾低迷：进西贝店里都"打怵" /293

"我从刘一秒精神病院出院了！" /298

定位"弯路"：老板进步一小步，企业进步一大步 /303

很少有人真正搞清：什么是自己的最长项？ /309

其实，组织最容易被卡住的是价值观 /313

贾国龙的财富观：
"贫富差距过大，终究是富人的麻烦" /319

西贝为何"永远"不上市？ /322

人都需要金子，但不只需要金子 /325

弯路也是路！ /328

企业办不好，老板扯什么面子？！ /341

创造喜悦人生，关键词是"创造" /349

上篇　西贝如何激励个体：西贝的产品是人

· 第一章 ·
只看优点，不看缺点

"您二老保佑贾国龙生意兴隆……"

"呼……呼……"

西贝蒙古包会议室的高管会上,贾国龙正站在前面投入地讲话,干部们积极互动,忽然阵阵沉闷的鼾声传入耳中。循声望去,只见一位体格壮实、发梢微白的中年男人,双手插在胸前,头倒在自己左肩上,正闭目打盹儿,鼾声阵阵。老板在交代那么重要的事情,谁敢在下面睡得如此放肆?哎,又是他!

宋建,西贝三位七星大厨之一,西贝厨师中的"无冕之王",几年前西贝曾有意提拔宋建为唯一一位八星大厨。人们说,这个宋建啊,的确有些能耐,要不怎能做了十几年西贝行政总厨?烤全羊、水盆羊肉、蒙古牛大骨……西贝招牌菜创新、突破的"高级活儿",哪能少得了宋建?但他的另一面让人根本无法忍受：一开会，必睡觉，要么干脆不来；请假、旷工，常有的事；再就是他有一个"浑不吝"的北京大爷的个性，很难沟通。宋建也参与了2018年首届"西贝好汉"竞选，竞选现场，他对全体西贝干部喊出一句刺耳的竞选口号："不当好汉，就滚蛋！"令现场一片尴尬。

"自以为是、自高自大的宋建！"人们在心里嘀咕，"宋建那个怪人，除了贾国龙，跟谁能合作在一起？"

随着宋建鼾声分贝不断增大，身边人实在忍无可忍，捅醒了这位"无冕之王"。宋建眯开眼，扫视了一下前面正在讲话的贾国龙，冷不丁掏出手机，给贾国龙发了一条短信，之后继续酣睡。茶歇时，贾国龙还特意走到宋建面前，深深一拱手，似乎在感谢什么。宋建在搞什么鬼？

后来我特意问贾国龙："宋建短信给你发了什么？"

宋建短信是这么写的："老板，我真心地告诉你，男人穿白衬衣，里边一定要穿件背心！"贾国龙两根食指指向自己两个乳头，"不然，露点！"

北京人宋建搞菜，视野宽，人脉广，有才气。

据他讲，现在中餐常点的一道凉菜"大拌菜"，即为西贝首创。新西兰菠菜、彩椒、金皮西葫芦、紫背天葵、紫叶生菜,本是专供西餐沙拉的原料,很多原料产自荷兰。宋建找到吉林四平的一位朋友,由于四平与荷兰纬度相近,这位朋友种的这些菜,质量与进口的一致,成本是进口的一半。宋建把这些原料,赤、黄、绿、青、紫汇于一盘,配大连脱色酱油、青岛低醋酸米醋,拌在一起,爽口、开胃。2001年,这道菜在西贝六里桥店一下卖火了,传到全国各地的大街小巷。今天,里面还加入鲜橙、苹果、红提、猕猴桃、红柚,浇上现榨进口柠檬汁,升级为"西贝果蔬大拌菜"。

2010年,西贝另一品牌"九十九顶毡房"北京清河店开业,菜品里想推"冰泉羊肉"做"带头大哥"。宋建觉得这道菜撑不起来,要上烤全羊,被否,于是破釜沉舟,自作主张拉上小队人马,自费40多万,在毡房里盖起一座土房子,借鉴台湾烤猪设备,研发出一台自动烤羊机,使得烤全羊大获成功。后来公司补给宋建40多万。

"如果试验失败怎么办?"我问宋建。

"前怕狼,后怕虎,哪儿来的创新?!"

贾国龙一度担心"刺儿头"宋建的群众威信,可后来:"没想到,他的群众威信很高!"

贺全生,前西贝东北分部总厨,绰号"忧郁王子"。那几年西贝东北市场赔了钱,队伍士气低落,贺全生被调回总部标部（生产标准化部）。一位败军之将，拎着两个大箱子，背个大包，垂头丧气地走出首都机场。不料，机场门口，有个人玩儿命冲贺全生挥手。宋建——"忧郁王子"的新领导来机场接他了。要让伙伴出成绩，就要先解决他的后顾之忧，在北京买房了，贺全生的心也就安了。宋建一点点引导贺全生买房，首付160万，都是宋建先垫上的钱。今天的贺全生，六星大厨，西贝"鸡肉""炒菜"条线的"产品老板"，绰号从"忧郁王子"变成了"贺喜悦"。人们说，西贝很多厨师的房子，都是宋建帮着买的。

西贝另一位六星大厨梁飞也曾是宋建的徒弟，宋建简直把梁飞当儿子般对待。2012年，梁飞刚有了大女儿，随宋建在西贝亚运村二店搞研发。宋建催梁飞买车：上下班不用再挤地铁，周末还可以带家人郊游，还等什么？可当时梁飞钱紧，下不了买车的决心。一天下午，梁飞接到宋建电话，让自己下楼，一下楼梁飞惊呆了：宋建为梁飞买回一辆大众捷达，亲自开回了西贝店门口！

宋建与贾国龙相识在1997年春天的"呼和浩特烧鹅仔"。当时，宋建从北京借调到那里做主厨，贾国龙则刚从深圳经营园丁酒楼铩羽而归，退回临河心有不甘，应聘到呼和浩特烧鹅仔做副经理,看有没有机会把这家店盘下来,自己干。

三件小事,让宋建觉得贾国龙这个人有点"古怪"。第一次见面,贾国龙介绍自己:"我姓贾,西贝'贾',中国的'国',龙虾的'龙'。"宋建一乐:"'龙虾'算美食冠军,'国家'当然是更大的动力,还要成为'家族荣耀',他那会儿潜意识里对自我就有一种很殷切的期望。"烧鹅仔在呼市生意很火,可一天,贾国龙领着前厅、后厨,背着有问题的餐具到临街路,鼓动大家把它们全砸碎了:"不允许这些残次品玷污品牌!"1997年,崔健来呼市开演唱会,400块一张的门票在当年可谓昂贵,贾国龙一买两张,拉宋建去听。

1997年6月,宋建与烧鹅仔合约结束,贾国龙把北京人宋建带回临河这个当年只有10多万人口的北疆边陲小城,月薪1万元!当年真是天价。那年,西贝全年营收才700万,深圳赔了近200万,账上哪儿有钱?两个月后,宋建月薪降为5000元,宋建爽快地答应了。这轮技术指导结束,宋建主动提出希望留在西贝。惊喜之余,贾国龙交底,5000元月薪西贝也承受不了,可宋建的答复出人意料:只要拿普通厨师的工资就可以。千军易得,一将难求也!

宋建17岁入厨,在北京跟着香港师傅做粤菜,因为在香港师傅之下,一直被称为"小师傅"。来临河,"是尊重,比在北京更多的尊重"。1997年、1998年，宋建刚来西贝那两年，是西贝财务最艰难的时期，当年的贾国龙，没有汽车，出门就骑自行车，但宋建在西贝没有预算限制，实报实销。去重庆考察火锅，是宋建第一次坐飞机。"贾国龙的大方、大气程度是不会有人能给予的。"还有，宋建在北京长大，生长环境中的人都是各顾各的，很熟，但也互相提防，放不下一颗心，没那么浓的人情味。来西贝则不同，每天晚上，大家推心置腹地坐在饭店外台阶上，喝点酒，聊心里话，称兄道弟。人们都很纳闷：是什么让宋建一个北京爷们儿在临河这个小地方留下来，之后陪伴西贝南征北战走过20多年？

"贾国龙从我身上看到的总是优点，他根本不关注我的缺点，我的那些错误他全省略掉了，所以我们才能一起走20多年。"宋建说，无论对菜对人，贾国龙经常"赞叹不已"，总能发现别人身上的优点，眼前一亮，这似乎成为贾国龙的一种本能。"我能努力做到现在，就是因为他给我的肯定更多。如果换别人，可能看我不好的方面会多一些。"

"人其实都是靠长项发展的，一个人应该追击长项，放大，放大，再放大；短处别耽误事就行，我都懒得理会。你不擅长的，组织可以去补，组织力不就是个组合嘛。"贾国龙对我聊起宋建,"再说,他也没做出让你容忍不了的坏事啊,就是不开会、不上班。"不开会、不上班,在别的公司能被容忍吗?换作你我,能包容宋建吗?

只看优点,不看缺点——说说容易,要做到真是挑战人性!别说领导对自己的手下,就算夫妻之间能做到也不容易。可细想想,优秀的领导者不都是用人所长,而非责人之短吗?几年前访问信誉楼百货集团,创始人张洪瑞一句话让人印象深刻:"管理者要做木匠,不要做医生。"木匠眼里没废料,即便是一根小木条,也可以用来做楔子;而在医生眼里没有完全健康的人,是个人,大大小小就有点毛病,所谓"木匠眼中无弃木,医生眼中皆病人"。

管理学家包政在《企业的本质》一书中阐述了什么是人的天性:"每个人都希望发挥自己的长处与天赋,在一体化的关系中获取个人价值的最大化,实现个人成长和成就。这是人的天性,也是人类社会的天道。"

对人对事,贾国龙都愿意从积极的方面去看。

华与华高级合伙人陈俊和我聊起过一件事。2012年前后,有咨询机构为西贝做定位咨询,定位西贝为"西贝烹羊专家"。结果,西贝菜单一色儿的羊,客单一下拉太高,一年后,西贝利润下降了百分之二十九。2010年到2014年,西贝四次改名，从"西贝莜面村""西贝西北菜""西贝烹羊专家"，又回到"西贝莜面村"，咨询费、生意的下滑、各种成本，折腾掉西贝几千万，旁人都看出来这次咨询办砸了，但贾国龙无论公开还是私下场合，从没说过对方半句不好，公开复盘时还感谢对方团队的辛苦付出。办砸一件事，怪给他出主意的人，曾国藩称之为"庸人之常情"。贾国龙身上就没有这种"庸人之常情"。"凭良心讲，真不是人家的错，是我这个老板自己选择的啊。"贾国龙说，"再说，为了搞清楚我是谁，几千万花得值！"

"你知道吗，好人就特别能看到别人的好；坏人就是你有一点做得不好，他就盯着那个不好。"讲到动情处，陈俊说，"贾总是真正的好人。"

有一次，有人举报宋建在外面投资开饭店，贾国龙找宋建谈话。经调查，是宋建的哥哥开了几家火锅店，跟西贝也没有竞争关系，不再追究。

"能让一个人这么信赖，甚至'纵容'，太幸福了。"宋建对我说，"我今年四十六，今天开路虎，明天换奔驰，我还需要他给我什么啊？我最大的兴趣还是被一个人认可，被不遗余力地认可。"

任正非说，宽容是领导者的成功之道。人皆有缺点、污点、阴暗面，如果你不能包容他的缺陷与错误，你就只能做孤家寡人。研究西贝这两年，我对"包容"的感悟越来越深。没有包容的组织文化，何谈创新？包容，团结一切能够团结的力量，是往往被我们忽略的，然而又是极其关键的一项企业家素质。

包容之于贾国龙，就是敢用人。宋建说："在老板眼里，没有'能用什么样的人，不能用什么样的人'。**发现一个人身上特别突出的一点，他会马上抓住、放大。当把你的长处推到巅峰时，那是他最喜悦的时刻。**"

宋建出生于北京部队大院一个高干家庭，是家里老小。7岁那年，父亲调任地方，因一些问题被审查，母亲整日奔波上访，小宋建成了没人管的野孩子，吃百家饭长大，和兄弟们一起混大。初二，13岁的宋建退学，独自混社会。在宣武门一带干了4年发廊，开了4家店。1989年夏天，发廊被砸，宋建被介绍到北京最早的粤菜馆——明珠海鲜。直到1997年，宋建在呼和浩特遇见贾国龙。宋建聪明、灵活、有本事，走到哪里都"混得开"，但只有在西贝，他才能找到一点"家"的感觉。用他自己的话说，就是："喜欢听巴彦淖尔（临河所属的地级市）的方言，喜欢人们喝酒的方式，还有那个古怪的老板,贾国龙。"

"在我的思维里,他首先不是一个老板,而是一个好人,一个好大哥。"宋建告诉我,"如果他不好,西贝不行了,2万多人能有什么好果子啊?"

宋建父母的墓地在北京西郊,福田公墓。遇到不开心,哪怕半夜,宋建开车就去看看,和爸妈"聊聊天",说说心里不痛快的事。每次祭拜,宋建开口头一句话都是:

"您二老保佑贾国龙生意兴隆……"

故事到这儿还没结束。写宋建的故事,尤其是以宋建每次祭拜父母的头一句话"您二老保佑贾国龙生意兴隆"作为结尾时,身为作者的我也会眼眶湿润。一些西贝干部读到这儿也被深深触动,把这段话截图发给贾国龙,以示共鸣。假如你是贾国龙,读到这里,收到这样的反馈会怎么想?贾国龙的反馈出乎我的意料。

本书内部版写成后,一次我在贾国龙家吃午餐,贾国龙举着手机把一些干部对宋建故事的反馈念给我听,他一脸严肃地说:"我不阻止宋建的表达风格,也不阻拦贾林男的写作风格,但我坚决不接这个招。西贝文化坚决打击向上级表忠诚,这个风气在西贝蔓延开来会很麻烦,用行动来认同和支持企业才是真正的信任。"

在贾国龙看来,这可是大是大非的原则问题,一旦出现苗头必须立马打击:"不要用忠诚的话绑架我,真正冲突、考验来了会怎样还不一定呢!"

接触过贾国龙的人都说,贾国龙很有"江湖大哥"风范。确实,贾国龙有很"江湖"的一面:豪爽豁达,出手大方,能洞悉别人心里想要什么并予以满足,简单说就是特别善于赢得人心。但说自己"江湖气"?贾国龙认为,那是假象。

贾国龙有不少好朋友都是餐饮业同行,比如海底捞创始人张勇、喜家德虾仁水饺创始人高德福、巴奴毛肚火锅创始人杜中兵、乐凯撒比萨创始人陈宁、陈鹏鹏鹅肉饭店创始人陈鹏鹏等等。其中几个人经常学在一起,吃在一起,玩儿在一起,甚至参加彼此公司的内部会议。贾国龙说,他们的确是好朋友,但本质上是相互佩服、相互欣赏、相互尊重的对手。正因为彼此尊重,他们才能走到一起。

至于和西贝内部伙伴的关系,贾国龙说,自己有一条原则:从不和高管交朋友。"只要工作没做好,我能跟任何人瞬间翻脸。"贾国龙的姨父赵剑锋在西贝负责营建工作。"当我骂赵剑锋时真就是在骂部下,但一回家,我叫他姨父也叫得挺亲。"贾国龙说,作为西贝掌门人,他自己必须追求绝对的公正。在西贝，不乏贾国龙的亲戚朋友、同学故交，不难想象，有人会托贾国龙父亲给贾国龙捎话：某件事给行个方便呗！每次贾国龙听父亲捎完话，点头应道："爸，我知道了。"可心想：你小子还要这点小聪明？你不找我关照，咱们公公道道办事；找了以后，队往后排！要我关照你？看我怎么收拾你！

有人说贾国龙特别擅长和人进行情感链接。"纯粹误读，我最不愿进行个人情感链接。不在那个层面上相处，每个人都凭本事和贡献在西贝发展，心态就应该是：此处不留爷，自有留爷处。"

贾国龙称自己不是一个为"情"所困的人，不会用情过度："关键跟人进行个人情感链接，我累，哪儿能链接过来那么多人？"那到底是什么在链接着西贝2万多人？为什么贾国龙说西贝文化"有黏性，但不俗"？西贝组织、文化的魅力究竟是什么？读过本书相信您会有更多思考。

林男联想到，华为为什么不提倡"感恩"二字？任正非说，因为如果员工感恩公司，一定是公司给予他的，多过他所贡献的。贾国龙让西贝干部区辨一个问题：西贝内部人与人之间是什么关系？真是"哥们儿"吗？

"我们本质上是相互信任的伙伴，首先是认同共同的价值观，之后就是能力信任。好比一支球队，你那个位置能不能盯住，不丢球，不掉链子，不漏气，一起赢得生意，赢得顾客对西贝的信任。每个人换得公司、老板对你的信任和尊重只有一个方式：你的贡献。一定要放下那些庸俗的关系。"

总结一下宋建的故事。只看优点，不看缺点，领导者做到这条已经够反人性了。老板作为组织价值观的人格化身，当手下把你推上"神坛"，你一不小心就可能变成绝对正确的"教主"，于是如何管住自己，如何避免自我膨胀，是对一个领导者更大的考验。这里问读者朋友一个问题：如果你是一位老板，你有没有，或者要不要有自己的"心腹"？德鲁克的一句话值得每一位老板谨记心中，他认为，要求员工忠诚于企业本身就是错误的："世上没有不辨是非的愚忠，相反，企业每天都必须争取获得员工的忠诚。"

"通缉"许文涛：怎么对付调皮叛逆的职场小年轻

"许文涛，许文涛，你在哪儿？"每当店长张冲掏出对讲机，喊出这句话，西贝公益西桥店的伙伴们就知道，又开始"通缉"许文涛了。张冲说："下面插播一条通缉令，全场通缉许文涛，悬赏500万……"

许文涛是一名传菜员，可经常菜传着传着，把人传"丢"了，活儿没人干了，不是躲进库房玩手机，就是串到隔壁"阿香米线"找小老乡聊天。这个1998年出生、长着一张娃娃脸的孩子，经常管不住自己，客流高峰期还好，一过高峰期，就爱"溜""流窜"。许文涛腿脚快，听闻"通缉令"，几大步赶回店里，故作淡定："哎，冲姐，你找我啦。"

淘、皮、叛逆，你我身边都有许文涛这样令人头疼的职场年轻人。如果是你会怎么对付？"流窜"多少回，张冲对许文涛没骂过、没罚过。才当店长几个月的张冲明白，对许文涛这种孩子，越罚越糟，于是每次用这种挺幽默的"通缉令"耐心地感化他，还给他特意安排了一位师父：极其细心、认真的三区部长（一个门店分几个区，每区负责人叫部长）王礼杉。

王礼杉懂许文涛。许文涛看似吊儿郎当，其实聪明得很，一旦上心，进步极快，对自己认可的人还特别讲义气。所以，重要的是把小伙子引导到什么方向上。

王礼杉鼓励许文涛考训导师，每天早上专门提前半小时来店里辅导许文涛。一开始许文涛不来，王礼杉就换成闭餐后，一个动作一个动作跟许文涛抠，教会为止。得知许文涛训导师鉴定通过的消息，王礼杉激动得从凳子上跳起来，与张冲紧紧相拥。许文涛晋升，王礼杉落泪。

许文涛好像一下子长大了，再也不"溜"了，每天比伙伴更早到店，还成为公益西桥店西贝VIP会员发展冠军。考过训导师后4个月，他又晋升为部长。有句话怎么说的？每个徒弟面前，都跪着一个苦口婆心的师父。

半年后，许文涛随张冲到山东开疆拓土，成长为西贝烟台振华店储备店长，还在年底西贝全国绩效工资中拔得头名。在1万多名前厅散服人员中拿了个第一，真是扬眉吐气！激动的许文涛给自己家人的微信群换了个名字：名门望族群。

他，一枚"定时炸弹"被这样感化

王乐乐，一米八七的大个，瘦而结实，昂首走在餐厅里，像一只巡视四方的大鹤。鹤立鸡群的，不只个子，更是气质。

王乐乐来西贝才半年，此前，他是一名特种兵。他指指胸口给我看："这儿，挨过一枪，穿了防弹衣，骨头还受了轻伤。"

这么一条硬汉，哪懂餐饮？王乐乐刚来没几天，正迎宾，西贝赛场的裁判来了，问："今天客流目标、销售目标、顾客体验目标多少？"

裁判来了，关我鸟事？连裁判是什么都还没搞清的王乐乐心说"这人真烦，没瞅我正忙着呐嘛"，不理他，还白了人家一眼。结果，值班成绩被裁判扣掉300分。理由：没答出当天的经营目标，且态度不喜悦。西贝各门店成绩咬得紧，300分，意味着季度总成绩可能一下从A滑到B，门店伙伴的奖金全都受影响。

王乐乐一双大手，右手手指关节比左手的手指关节更粗。多年特种兵生涯养成的防范心理和应激反应，让王乐乐"能动手，绝不吵吵"。刚来西贝时，店长从后面一搂王乐乐肩膀，王乐乐条件反射似的一把按住身后人的手，对方整个人活像个沙袋，被扳到王乐乐身前，肚子上再中上一拳，动作一气呵成，潇洒利索。店长被打了还得了？店内伙伴像炸了锅："乐乐又打人啦！"

要是在别的公司，王乐乐早被开除好几回了：他简直就是一枚定时炸弹。

一次，大清早，王乐乐来公益西桥店开早会，没商厦出入证，门口保安不许进，西贝伙伴带进去也不让，只见王乐乐抓住保安的大衣领子，拎起一袋土豆般把人提到一边，进去了。保安恼了，报警，招呼整个商厦的保安堵在西贝店门口，要干仗。支部经理王小华赶来，先支走王乐乐，让他手机关机，然后平生头一回坐警车,呜啦呜啦地到马家堡派出所录口供。店长张冲,端着一盆热腾腾的羊锅锅,找保安大叔道歉,赔了1000多块钱……

初来乍到,几次闯祸,王小华没一句埋怨。她发现,王乐乐是"爱动手",但重义气,交给他的事,完成任务没有任何借口,而且王乐乐见过世面,出手标准高。凭这条,此人堪得大用!

王小华下令:旧宫店客流每天增长100人。于是,王乐乐研究商厦地形、人的动线,停车场、滚梯口、服务台等重要"关口",与物业、商户互动,最多时1个月发了20万张代金券,把几乎不可能完成的任务完成了。王乐乐负责旧宫店食安,在店里整整住了1个月,对照西贝食安手册,一条条标准琢磨、检查。2017年三季度的西贝赛场上,旧宫店得到最高分A+。

有一回王小华跟王乐乐聊,问道:"为了抓食安你咋1个月没回家,天天住店里?"

"姐替我担了那么多。"王乐乐说,"姐实心诚意待我,我也实心诚意待姐。"

王乐乐还说,过去自己的5年警卫生涯中,人都是为"事"而准备的,绝不能"出事";而在西贝,是通过"事"

去成就"人","西贝的目标就是培养人"。还有,自从来了西贝,自己睡觉时再也不做当特种兵时常做的噩梦了。

王乐乐现在是一名见习店长,他的梦想是回老家江苏盐城开店,成为一名西贝城市经理。王小华说,现在的王乐乐,还有点"硬""拧""冲",什么时候变得更"柔",他就真"开花"了。有一回有客人手扎破了,王乐乐俯下身,用纱布一圈一圈给客人包扎伤口,从此又有了一个新绰号:乐妈。为了培养他的"柔",王小华让王乐乐学跳舞,这只"大鹤"每天伴着《小苹果》起舞,据说跳得有模有样。

如何用对"笨人",打好"笨仗"

"学艺先学理,理不清则艺不明。"
"学艺先学理,理不清则艺不明。"
…………

姚鹏慧站在西贝公益西桥店1号餐台前,把这一句话嘟嘟囔囔了半天。

姚鹏慧是这家店刚上任的厨师长。一天,分部总经理王龙龙来公益西桥店,发现厨房脏、乱、差,叫来姚鹏慧,问怎么回事，结果发现此人反应慢半拍，说话吞吞吐吐，半天说不清一件完整的事。开岗会，姚鹏慧脸憋得通红，硬是说不出几句话。"这也能当厨师长？"王龙龙气了，"'学艺先学理，理不清则艺不明'。去，先把这句话重复50遍！"一句"学艺先学理，理不清则艺不明"，姚鹏慧硬是重复不下来。

胡乃龙、张宏宇、姚鹏慧，三人中，姚鹏慧最"笨"，机灵劲儿、沟通、创新全不行，支部经理王小华、支部总厨崔鹏程选择他升任厨师长，只看中他一点：干活不惜力，罕见的不惜力。因为老实，每晚闭餐后填写厨房五大表格，别的厨师先走，全扔给姚鹏慧写。每天早7点来，晚十一二点走，最早来，最晚走，姚鹏慧从没一句怨言。宿舍里，姚鹏慧的被子，永远正正方方的豆腐块。

姚鹏慧手勤，可脑子慢，别人讲一遍懂了，跟姚鹏慧讲三遍，他还一脸迷茫地看着你。厨房人员流失，姚鹏慧找员工谈心，可"聊不开"，越聊，要离职的越多。王小华急了也骂："你笨得像头猪！"可看到姚鹏慧自己痛苦得眼泪在乌黑的眼睛里打转，乃至几度想放弃，王小华和崔鹏程互相打气：越骂越像猪，还是心平气和，慢慢教吧，不教会不睡觉。

面对姚鹏慧这样优点明显、缺点突出的部下，真考验领导者的修炼和耐心。贾国龙曾请曾国藩研究专家张宏杰给西贝干部上课。曾国藩建立功业的灵魂是什么？至诚，至拙。贾国龙说，西贝就是要用最笨的方法做事，用最诚的方法待人。他现场问几百名干部："觉得自己够'笨'的举手；觉得自己够'诚'的举手。"接着他自问自答，"其实，我们都还不够'笨'，也还得更'诚'。"

王小华、崔鹏程成就姚鹏慧，就靠一个"诚"字。"离开西贝平台，谁会待见姚鹏慧？""一定要让姚师傅胜任，否则努力的人会寒心。"

姚鹏慧别的全没有，只守着"笨"和"诚"二字。说不了漂亮话，就多干实事，身教胜于言传。他理解力差，但锲而不舍，每道菜的毛利也分析得清清楚楚。店长张冲说，姚师傅真把店当"家"，不光当厨房的"爹"，还当前厅的"娘"，每天深夜，举着手电筒，不光厨房，前厅家私柜里、沙发后面，各个卫生死角检查个遍。每周看一遍宿舍，干不干净？被子整不整齐？淋浴、马桶、窗帘、饮水机，有没有要修的？公益西桥店店长张冲说："今天很多人都喜欢说漂亮话，但办不了实事，所以我还是喜欢姚师傅这样的厨师长。"

功夫不负有心人。1年后，姚鹏慧成为西贝优秀厨师长。2017年，公益西桥店厨房的成绩，在西贝赛场里得了一个A+，3个A，厨房人员几乎零流失。王龙龙分部年会上，姚鹏慧得了好几个奖,奖金一次拿了6万元。

分部老大王龙龙说:"每个人都是一朵花,只是花期不同,终有一天会盛开。"

有人说,姚鹏慧这棵"铁树",终于"开花"了。

而这背后的道理,还是"只看优点,不看缺点"。

德鲁克强调,好的组织精神应该强调个人优点,强调他能做什么,而不是他不能做什么。什么是"好的组织精神"?这位管理大师说,好的组织精神必须让个人的长处有充分的发挥空间,肯定和奖励卓越的表现,让个人的卓越表现对组织其他成员产生建设性的贡献。为了更生动地说明这个问题,他还引用了一段为残疾人找工作而设计的口号:"重要的是能力,不是残疾。"从这个角度说,没什么人是不能胜任的,组织的目的正是让平凡的人做出不平凡的事。

"真是笨到家了,一点用也没有!"

"头儿,以后咱们能不能多招来些脑子灵光的年轻厨师?"

开会时,西贝干部们也会这么抱怨。

贾国龙听到了会纠偏,他形容餐饮行业用人的特点就是六个字:用笨人,打笨仗。"这是我们这个行业的特点决定的,**老板整天在外面学习,可以学到新鲜的理念,但回到门店落地**

时，你干的全是笨活。"

读者可以仔细想想，一件工作真正落地时，哪行哪业干的不是一步一个脚印的"笨活儿"？德鲁克早在《自我管理》那篇经典文章中提醒，许多才华横溢的人相信好创意可以"移山"，错了，只有推土机能移山，创意是用来为推土机指定作业方位的。

贾国龙接着说："门店一线就需要这些踏踏实实、耐力好的人给你守着，聪明人有几个就够了，全是聪明人也麻烦。"我们常用的"能耐"一词，其实是两个词："能"和"耐"。"能"是能力，有能力的人不一定有业绩；"耐"是耐烦，不怕麻烦，锲而不舍。人们通常高估了"能"，低估了"耐"——大作家沈从文夸一个人，常说"要算耐烦"。民间有句老理儿讲得好：有能无耐，终久必败；有耐无能，终久必成。

说一个人没用，其实是你不会用。真正会用，天底下哪有没用的人？"笨不是缺点，是特点。"贾国龙说，"你能把笨人带好、带住，就是你巨大的能力！"

第二章

敢于信任、放权、容错

如今年入千万的西贝传奇,曾是一位住地下室的北漂

2010年,石家庄,西贝海鲜汇大院门口。

黑社会背景的物业头子戴着墨镜,在车里遥控,每进一辆车收4块。明明西贝交齐了物业费,食客停车免费,现在却莫名多这4块钱,很多客人掉头就走。

"我们西贝不收费,是他们物业不讲理要收费,你进吧,收费找我要!"总经理李凤兰冲出来,喊。

没收上费的黑物业哪能甘心,一帮人堵在出口强行收费。喇叭里,传来物业头子威胁的声音:"李总,要给掐电了。"

风中,55岁的李凤兰就像没听见似的,冲到停车场门口,吼:"今天一辆也不许收!"她化身交警,一辆辆放车通行,"不收,走!不收,走!不收,走……"

店里跑出人:"不好,李总,断水了!"

物业头子有黑社会后台,李凤兰拨通老大电话:"老总,你也有兄弟姐妹,我一个女人出来做点儿生意真的不容易,如果生活好,我不会出来受这份罪。我听说你的组织挺讲义气的,为啥对我百般刁难?现在你的人就站在我店的大门口,你们来吧,我已经50多岁的人了,活够了,你们今天把我砍死,明天就是石家庄的头等大事!"

李凤兰今年64,52岁前,一天餐饮没碰过,她是个"唱戏的"。她从小嗓子亮,18岁考进"红色宣传队"临河乌兰牧骑文工团,当上了一名歌唱演员,坐马车、拖拉机走村串乡,给老乡搭个台子,吊两盏煤油灯,又唱又跳又演奏,一干18年。

李凤兰家穷。年轻时,她住在一个大院里,饭点一到,满院飘香。一次,邻居问:"谁家炒韭菜这么香?李凤兰,你们家炒的吗?"另一位邻居抢着说:"是俺们家的,他们家能吃得上炒韭菜?"瞧不起人到如此地步!李凤兰心里暗暗发誓:我将来一定要吃上比炒韭菜好百倍千倍的东西!

36岁,李凤兰改行调到临河土地管理局,每天拿上笔、尺子、本,室外工人似的挨家挨户给人量地方,办土地证。之后土地局、建委合并，李凤兰被分配到建委下面的旅行社，清水衙门。

有一年，临河公园改造，单位组织同事挖树桩，男人们都从树桩跟前刨，刨不动。李凤兰上，众人围观，看你一个"唱戏的"会干不会干。李凤兰干农活长大，她不跟树桩较劲，而是从边上旋大圈子，一圈一圈挖，树根一露，咔、咔、咔，几锹斩断树根，李凤兰往土里一坐，双脚踩树，用力一蹬，粗过大锅的树桩被连根拔起。多年后看李凤兰做生意、带兵，我总会想起"李凤兰刨树"这一幕。

李凤兰每年为家里买化肥买种子，给兄弟姐妹换冬衣换夏衣，一家子全指着她。九十年代，临河流行到大酒楼吃饭请歌手助兴，这下挣钱补贴家用的机会来了。一下班，李凤兰就和拉二胡的丈夫，跑到临河有点规模的饭店唱歌挣外快，西贝火锅城、蒙达丽等饭店都能看到她的身影。一首歌5块，一晚能挣五六十。嘿，还真唱出了名堂，每天好几个地方请，李凤兰家里装了部电话，邀约全包，分给朋友们："你，今天到这儿；你，今天到那儿。"最火时，一天能挣四五百。可好景不长，天下任何一个市场，但凡有人嗅到钱味儿就追兵四起。一时间，临河冒出一大堆餐厅歌手，李凤兰唱一场200，有人讨价还价，100、50就唱。

2001年，李凤兰接到北京来的一个电话，一个叫白雪花的蒙古族女孩说："老家人贾经理在北京开了一家叫'金翠宫莜面美食村'的酒楼，酒楼里有一支蒙古歌队，正缺一个唱地方爬山调的，你来不来？"当时李凤兰已提前退休，专职搞起了第二职业伴餐唱歌，可市场又纷纷降价。生计所迫，去！

来北京那一年，李凤兰四十六啦，年龄比其他歌队队员大一倍，还是歌队唯一的汉族歌手，整天穿着蒙古袍，又不会蒙古语，唱不了蒙古歌，心虚，苦闷。为省钱，李凤兰每天只买一顿饭，中午、晚上各吃半份。她租了一间地下室，四面无光，除非拉着灯，否则白天、黑夜分不清。李凤兰打起了退堂鼓，回老家吧！可转念一想，别人都以为李凤兰来北京挣大钱啦，结果钱没挣上，还受这么多罪，这样回去，被同行笑话，丢死人啦！不行，再苦也咬牙，过年也没回家。

转机在第二年开春。西贝在北京开了第二家店六里桥店，主打民间菜，歌队主唱西北民歌，李凤兰被推荐为歌队筹备委员会组长。贾国龙发话："李老师，你要能把人招上就做，招不上……"

李凤兰一猛子扎到山西、陕北招募民间歌手，一个没招上。背井离乡去北京卖唱？不去。回包头、临河招，年轻的也不来，一色儿40多岁带回北京，贾国龙和当时的六里桥店店长高泽平看了:"算了,一人发300块,回家吧。"

李凤兰当时就急了:"贾总、高总,这些演员能行,我有我的想法,让他们先排着,排的过程中再找替换。"

贾国龙嘴一撇:"快快快,你自己看着办吧。"

华为创始人任正非与西贝歌队的一段缘

从此,5000平米[1]的六里桥店,饭点一到,李凤兰这帮"老家伙"粉墨登场。公司给歌队立下一条规矩:放下锄头来家里唱歌,没麦克风,没伴奏,全凭嗓子干唱。

"山丹丹的那个开花呦,红艳艳……"

一开始也没打开局面,二三十块的价格虽然不贵,但这种浓郁的地方特色小调并没有打动顾客,队员们的方言,客人也听不懂。刚组建起的歌队又遇到困难,怎么办?李凤兰迅速作出调整:先解说歌词,再给客人演唱。顾客听懂了,能接受了,回头客越来越多。

李凤兰还给歌队定下一条规矩:只要总厨宋建、赵立功出

---

1 "平米"即"平方米"在口语中的简称。——如无特别说明,本书注释均为编注。

新菜，我就出新节目。"你们能卖新疆大盘鸡，我为啥不能唱新疆歌？"她把歌曲按客人年龄、家乡分类：五十年代客人爱听的，六十年代、七十年代、八十年代、九十年代爱听的；西北民歌、河南民歌、湖南民歌。客人爱听啥，她们就唱啥。经过这样的调整，和客人产生了共鸣，局面开始好转。李凤兰趁热打铁，每首歌除了礼仪有规定，动作、表演全现场即兴，常常唱着唱着就情不自禁地和客人扭起来，有时客人也被感染，扶歌手站上家私柜，围在下面一起唱。干唱时间长，嗓子"劈"了怎么办？李凤兰说，"劈"了不要紧，状态必须到位！

李凤兰带歌队有四句话：给足待遇，严格要求，常年招聘，优胜劣汰。

歌队最怕人走了招不上。咋办？考歌队落选的，李凤兰自掏腰包，请人家吃顿饭，送到车站，递上路费，告诉人家，下次只要练好，六里桥歌队的大门随时向他敞开。几年间，六里桥歌队不断给兄弟店输送歌手，但六里桥歌队的演出从没掉过链子。当时一首歌二三十块，9个人每个月创收12万多。小小的西贝六里桥歌队，外国友人来了，当年毛主席的警卫员来了，阿宝、王二妮这些名角儿也来捧场。

李凤兰对歌队的改造很快在西贝全国门店普及开来，此后多年，内蒙古歌队成了西贝餐厅一道亮丽的风景线。直到十几年后，我们还意外地发现，曾有一位特殊的客人记住了西贝歌队。

2018年，华为创始人任正非在与索尼CEO吉田宪一郎的会谈中说，2000年前自己曾是忧郁症患者，多次想自杀，每次想自杀时就给孙董事长（华为董事长孙亚芳）打个电话，当时他知道这是一种病态，知道关键时刻要求救……直到2006年的一天。任正非动情地回忆当年：

"我在西贝莜面村吃饭，我们坐在大厅，有很多内蒙古村庄的农民姑娘在唱歌，我请她们来唱歌，一首歌3美元。我看到她们那么兴奋、乐观，那么热爱生活，贫困的农民都想活下去，为什么我不想活下去？那一天，我流了很多眼泪，从此再也没有想过要自杀。"

这些年，西贝自上而下，一直在认认真真、里里外外地学习华为，任正非也是贾国龙极敬重的企业家。可谁也未曾想，多年前在西贝那次难忘的就餐体验，曾帮助任正非走出抑郁。9年后的2015年，西贝确立的企业使命恰好是八个字：

"因为西贝，人生喜悦。"

言归正传，六里桥歌队活下来了，可李凤兰的日子还是挺苦。

刚开始，老伴儿想来六里桥拉二胡，怕人说闲话，李凤兰没让来；儿子想来跟妈唱歌，李凤兰说，妈不能搞特殊，也给堵了。一家三口出来奔，三个"北漂"，三处宿舍。周末，约在六里桥长途汽车站附近，找片树荫，马路牙子上一坐，一人一根雪糕，聚一聚叙一叙，安顿了儿子老公，李凤兰接着去奔。

转眼到了2006年深秋。李凤兰突然接到通知，贾国龙叫她去西贝颐和园店开会。李凤兰心里七上八下：我一个唱歌的开什么会？难道是歌队出了什么娄子？

唱戏的也能当店长？

贾国龙会上宣布：西贝正筹建一家新店，定慧桥店，让李凤兰去当店长。

所有人投来异样的目光。当时西贝是"僧多粥少"，全国只有十几家店，全是好几千平米的大店，一位店长手下几百号人，真是一方老总。征战多年的老臣、国企外企来的新锐，都闲着、馋着；50多岁的李凤兰一天服务员没干过，当店长？

李凤兰自己也慌了。她一个唱歌的，哪有当店长的非分之想？50多岁的女人，已经开始盘算哪天唱不动了，做个西贝厨娘，也能唱两曲儿，挣点钱回临河老家过日子不是？

她没应，怕，只想回六里桥当她的歌队队长。没过几天，贾国龙从深圳打来电话："李老师，都说唱戏的人最难带，你能把歌队带得这么好，换了多少茬人，标准从来没降过，这个店长你一定能干好。"

干吧。比想象的还难干。当年西贝哪像今天有这么多标准，员工吃不好、住不好有人管，不会干有支持，成长慢了有帮带，还有总部运营、生产、食安、团建等八大系统赋能，那会儿，贾国龙不管的全得店长管。上任头一天，李凤兰连晨会都张不开口。对这个"唱戏的"能不能当店长，团队内部也充满质疑，各种刁难，各种不配合，连西贝内网也传来骂声："你个臭唱戏的摇身一变，变成贾总眼前的红人来管我们，你算老几……"

残酷的现实让李凤兰一度灰心丧气。放着好好的歌队队长不当，来受这份洋罪！更糟糕的是，她发现自己已经没了退路，六里桥店也回不去了。

争议声传到贾国龙耳朵里。一天，他背着手，亲自来李凤兰店里巡店。店里收拾得干干净净，一抬头，瞅见一溜红灯笼，问李凤兰："谁让你们吊的？"

刚当店长，又身处风口浪尖上的李凤兰心里打鼓，细声说："就觉得这个店黑桌子、黑地面，太压抑了，想调调色。"

"花多少钱？"

"三万七八。"李凤兰心想坏了，还没赚钱，一排灯笼敢花好几万。

"不多，"贾国龙说，"能当店长。"

一句话，给李凤兰莫大鼓舞。"一个人的成长，如果上级不信任你，你什么都做不成。好几个关键点，要不是老板支持我，我就真完蛋了。他要不发现我，激发我的潜能，谁知道我是谁？我也不知道我是谁。他就给平台、给支持、给钱花、给犯错机会，赔了也不批评，就鼓励。"

"贾国龙带兵有一种能力，"在西贝工作十几年的首席体验官马燕说，"他总是很流畅地把部下的心理负担抹掉，让一个人甩掉包袱，轻装前进，发挥出最好的状态和能力。"

有了贾国龙的信任，面对团队中很多干部的质疑和捣乱，甚至个别人的百般刁难，李凤兰反倒被激起了斗志："唱戏的咋啦？你们说我是个'唱戏的'，我就是要做点事让你们看看，我唱的戏你们唱不了，你们玩的我全能玩得了，我就不信我干不好这个店长！"

背水一战的李凤兰从整顿队伍入手，愿意干的干，不愿意干的走人。几个月下来，李凤兰大刀阔斧地整"废"了原有两套门店的管理班子，落下一个"爱开人"的坏名声。

业务外行,别人就给你"耍猴",连洗碗间组长都瞧不起李凤兰,动不动罢工。有一次,洗碗间罢工,脏盘脏碗摞一地,李凤兰二话不说,带上团队,系上围裙,穿上水靴,洗了一个礼拜的碗,在洗碗的过程中不断摸索管理流程,优化岗位结构,制定激励机制。原来11个人的洗碗间老喊累,每天晚上12点还下不了班,经过她的调整,减掉4个,拿出两个人的工资激励剩下7位,碗洗得干干净净,利利索索,每天晚上11点准时下班。

李凤兰财务不懂,电脑不会,没法做经营分析。从中午到深夜,20多岁的小伙子魏通,一遍遍教50多岁的李凤兰,直累得魏通手捂胸口:"李老师,我胃疼得不行了。"

迎宾带客、传菜撤餐、现场调动、指挥售卖,李凤兰把每一个环节都亲身经历了一遍。

经过两年不断折腾,2009年,定慧桥店提前3个月完成全年利润。李凤兰刚能喘一口气,又被贾国龙找去谈话:"李老师,你去石家庄搞海鲜吧。"

李凤兰一百个不愿意。石家庄西贝海鲜汇开业没几年,正赔着钱。李凤兰心想:那么多金牌店长你不让去,让我一个从不吃海鲜的老太太经营一家4000多平米的海鲜店,老板你真敢啊!

等待李凤兰的,是西贝历史上又一场硬仗。

"党指挥枪还是枪指挥党？！"

当时石家庄店叫西贝美食汇，一进门的点菜区有一个巨大的鱼缸——当年花27万建的"镇店之宝"。这个大鱼缸非常碍事，让整个店堵得慌，李凤兰总想拆掉，又怕贾国龙不同意。一晚，贾国龙来石家庄，李凤兰说："贾总，我觉得鱼缸放门口，堵财路，想给拆了。"贾国龙随口说："你想拆拆吧。"第二天清晨，贾国龙去店里，鱼缸不见啦！问："拆了？"李凤兰笑："拆了，怕你第二天变卦呢。"好家伙，一尺厚玻璃鱼缸，李凤兰找施工队连夜拆除啦。贾国龙看着现场，点点头："拆了好，拆了好！"

一到石家庄，员工反馈职工餐不好吃，李凤兰马上对员工来自哪些地域做了调查，根据地域占比配备职工餐师傅，提高了职工餐师傅的待遇。走进员工宿舍，被罩床单五颜六色、群魔乱舞。李凤兰亲自选颜色，男孩用淡绿的，女孩用淡粉的。把铁丝"细棍棍"衣架，换成好看、结实的。"一个吃，一个住，就好像是部队打仗的后勤保障，这些做不好，员工很难有高昂的士气，就在石家庄，人员流失率也很大。"

人在改变环境，环境也在改变人。搞文艺出身的李凤兰，平时就爱穿点儿衣服，也爱给员工打扮，买个头花也要去石家庄南三条。"我就把那些孩子当作自己孩子打扮，打扮得漂漂亮亮上班。"

她还掏出5万块钱，买床、电脑、电视、冰箱、洗衣机、煤气灶、海尔热水器，配齐，给魏通、刘项等干部在石家庄安了家。"老板拿出10万块钱给我安了个大家，我给他们每人安了个小家。"

说起石家庄，两眼泪汪汪。

在石家庄一年，李凤兰没少遭磨难。除了与不法物业斗争，还要和各个政府部门周旋。停电、罚款，各种困难都经历过了，有时候李凤兰实在熬不过去，找个角落自己偷偷哭一会儿……

贾国龙听闻这些事，电话里笑着安慰李凤兰："李老师，这就是'贵人多磨难'啊。"其实贾国龙心里有谱，李凤兰打得了硬仗。

在经营上，李凤兰聚焦海鲜，改善环境，提振士气，优化产品，整改销售，积极促销，打通关系。1年时间，3场美食节"强攻"，石家庄西贝海鲜汇扭亏为盈。打完这一场漂亮的翻身仗，李凤兰团队和这家店建立了深厚的感情，他们在石家庄买了房子，打算在这里安家落户。

此时，西贝调令再次传来。

北京九十九顶毡房清河店，2万平米，占地33亩，是一家蒙餐结合歌手乐队表演的蒙古族风情餐厅。开业1年，定位不清，管理松散，营利能力有待提高。面对这样一个蒙古族特色的庞然大物，李凤兰一点把握都没有。况且，她还从来不吃羊肉。这时，双子公司一份定位报告呈现在李凤兰面前：九十九顶毡房应该聚焦烤全羊，打造蒙古人待客的最高礼仪。李凤兰眼前一亮，一下找到了感觉。

从哪里入手？还是从最熟悉的歌队入手吧。可一去歌队布置工作，遭到了集体抵制。因为每天都要排练，还要遵守严格的管理制度，这对于散漫惯了的30多位蒙古族歌手来说，太不舒服了。冲突愈演愈烈，有歌手指着李凤兰的鼻子骂："老东西，快滚吧！"还不依不饶，威胁要集体辞职，并抓住当时用工合同不严谨的漏洞，要和九十九顶毡房打官司，这可能会引发巨额罚款和赔偿。迁就还是对抗？

李凤兰的倔脾气又来了，歌队是新战略的重要一环，如果整治不好，后面工作全白扯。她当场发飙：

"妈的，党指挥枪还是枪指挥党啊？！这还能干成？！"

"愿意干的留下，不愿干的明天早上不用来了！"

第二天，竟然真的只来了3个人。虽然西贝早年有规定：

不和员工打官司。可这回，打！奉陪到底！

付出了一定代价后，歌队风气整顿了。

接下来是卫生攻坚战。有干部吹耳边风："李总，不能再打扫卫生了，员工累得要集体辞职了。""他不干你干，"李凤兰说，"没有亲娘，后娘也得上，必须弄好。"宿舍管理员王君，每天跪着、趴着在地上搞卫生，李凤兰马上加薪，3500变5000，有干部皱眉："涨得太多啦。"李凤兰："给你7000，你干不干？"

李凤兰特别重视边缘岗位员工，比如洗碗工。"洗碗间是个'操家疙蛋'，打破一个餐具比一道菜都贵，要给他们单独开会，把他们好好利用起来。"还有看大门的和夜保。"毡房没院墙，这些岗位挺关键的，给这些人发钱一定别小气。不要以为只有面上的事儿是事儿，这些也是大事儿，这些事儿出了以后，面上的事儿就做不成了。"

李凤兰分部近千人，不论管理者还是基层员工，只要家里有至亲去世，不用跟总部汇报，财务马上打至少2000块，李凤兰自己则至少掏500块，买个花圈，表示慰问。

贾国龙说，西贝13位分部老大、创业老板，最舍得给的人之一是李凤兰。"李老师是各种形式地给：明给、暗给，巧立名目地发钱。"

李凤兰"悄悄地"花钱，贾国龙"悄悄地"装作没看见。

接管毡房后，李凤兰发现几个大蒙古包功能性不够，新定位无法实施。她又自己做了回主，稀里哗啦就给拆了，花了500多万，重建。今天想起来，李凤兰觉得自己过于冒失，五六百万的投资也敢自作主张，贾国龙连知道都不知道，现在想起来还后怕："多亏赚钱了，半年就扭亏为盈挣了870万，当年股东就分红了。如果走流程，改造得肯定没有这么快；没有这些新蒙古包，可能也没这么快见效。"

在李凤兰和大家的共同努力下，九十九顶毡房清河店连续3年销售额过亿，每年实现利润2000多万，并在2016年开出了第二家分店。

替干部买房："要打深山虎，先安四邻土"

2014年，西贝聚焦"西贝莜面村"业务和品牌，以李凤兰名字命名的创业分部成立。2016年，西贝赛场开赛。两年来，李凤兰分部是13大分部中的"A+专业户"。

西贝13个创业分部老大中，李凤兰年纪最大，干餐饮的时间也不长，直到50多岁才被发现是个地地道道的生意人。西贝人都说"李老师做生意窍门多，浑身是招"。比如她的店面营销三字经：

　　留得住，快速走。
　　走出去，叫进来。
　　旺养淡，客不断。
　　大菜谱，抓眼球。
　　大电视，更及时。
　　抓售卖，少剩菜。

点菜不会点，一样挣不上钱。她总结出抓售卖顺口溜：
"主辅搭配，毛利不退。"讲挣钱。
"高低搭配，好吃不贵。"讲顾客满意。
"现场紧跟，区域协作。"讲高效运营。
"信息畅通，把握节奏。"讲不浪费。
但李凤兰真正厉害的是她的领导力，给你讲两个故事。

故事一："要想赛场赛得好，家人支持少不了"

西贝赛场是西贝独创的战略绩效考核体系，全员覆盖，无死角，每一个干部和员工，每天都处于与全国其他西贝门店的竞赛中，赛场成绩与奖金、开店牌照直接挂钩。西贝赛场开赛后，全西贝的基础管理水平有了质的提升，当然，员工也更拼了，但也往往忽略了自己的家庭。

一天，李凤兰接到支部经理李明友电话："李总，我今天上不了班了。"

"怎么？"

"老婆杨倩抱着孩子不小心从楼梯上滚下来了！"

李凤兰抄上两箱"炎干净"（一种挺贵的，用于排毒的代餐保健品），直奔李明友家。一进门，李明友的老婆杨倩哭诉，自从西贝赛场开赛，老公天天不着家，半夜才回来，撇下她们娘儿俩在家，平时连口饭也吃不上，自己都快抑郁了。

听着杨倩的哭诉，看着杨倩一瘸一拐地往家走，同是女人的李凤兰心碎了。她一定要为李明友解决这个"后顾之忧"。

李凤兰想起从小母亲常说的一句谚语："要打深山虎，先安四邻土。"

"深山虎"是赛场争A+，"四邻土"就包括员工家人。要想赛场赛得好，家人支持少不了。家人不支持，半夜不让进家门，闹离婚，什么也干不成。这不，就有了"李凤兰分部赛场家属启动会"。

2016年7月，毡房蒙古包，李凤兰大摆宴席，邀请了支部经理、支部总厨、门店三剑客（店长、厨师长、服务经理）的家属们，用蒙古人待客的最高礼仪款待大家：王爷服、王妃服披上，"哈达"献上，好酒敬上。李凤兰举杯："我是个领导，也是个女人，非常知道你们的苦处。常言道'夫贵妻荣，妻贵夫荣'，这个道理大家都懂。年轻不拼搏，老了受苦才真苦。赛场开赛后，运动员要投入更多的时间和精力，肯定会影响对你们的照顾。西贝赛场不光是西贝运动员的赛场，也是运动员家人的赛场。希望各位家人给予理解和支持，让你们的老公、老婆轻装上阵。"

通过赛场家属启动会，每位家人更理解了自己的老婆、老公，他们纷纷上台表态，说了好多掏心窝子话，承诺好好支持自己的男人、女人。

有极致员工体验，才有极致顾客体验，李凤兰创造了"极致员工家人体验"。

"赛场成绩好，与家属真分不开。"李凤兰说，"贾老师，说实在的，赛场一两千条考核内容，我这么大岁数，哪能记得住？但我就抓最根本的东西，就是人、人、人。"

故事二：固安买房

2016年，过完春节，中国房价飙涨。"我想有个家！"多少在大城市打拼的人开始人心惶惶。下班后、请假，甚至不惜旷工，人们踏上了四处看房的征途。李凤兰也是其中一员。她来到"北京天安门正南50公里"的固安，看中了太阳公园99平米，两室一厅的户型，一套房订金4万。当时，李凤兰银行卡里还有20多万，她当场刷了6套。

李凤兰不是给自己买，她要给几位主要干部安个家。

"我就想让他们买房嘛。他们没时间，我惦记。交完订金，我给他们6人挨个儿打电话，魏通、赵小丽、李明友、王君、张建平、李梦玉，你们也该安个家了……讲完了他们还不买，我就气得给他们讲道理说，你们在城里暂时买不起，固安未来也是很好的。你们把老人接来，这里有幼儿园，孩子可以接送，你们开车，城里上班，晚上回去。这下，你们也是有房产的人了。等不想住了，将来卖了再倒腾大的吧。第二天就把他们带到固安签了合同。"

当时刚做支部经理的魏通，"硬着头皮"买下这套房。"买房，哪敢想？这得借多少钱哪？多亏李老师逼了我一把。"

房子买入时1平米7000元，一年后涨到2万多。

"老板（贾国龙）是活生生的老师。"李凤兰说，"几年前我买北京这套房，没有老板鼓励我买，没有他借钱给我，真的实现不了。我让魏通他们买，就是要影响他们，让他们也学会关心他们的团队，辈辈相传。"

爱，是西贝核心价值观的第一条。2010年，贾国龙在《如果爱没有增加，一切都不会改变》的文章中写道：

"爱是真的为他好。爱是行动。

"西贝爱员工，最重要的是要让员工通过得到爱，而学会爱。爱自己、爱别人、爱万物生灵。一个充满爱的人就是最有力量的人。他的工作一定会顺利，生活一定会幸福。

"如果爱的行动没有增加，一切都不会改变！只要爱的行动持续不断，西贝的事业就会生生不息！"

李凤兰从当年挤在暗无天日的地下室的"北漂老太太"，一步步成为西贝创业分部老板，成为首届"西贝好汉"。现在她在二十几家西贝莜面村和两家毡房拥有股份，年收入奔千万，在北京城里买了一套大三居，还买了奔驰车，一家三口在北京过上了过去自己想都不敢想的幸福生活。

西贝人说，李凤兰是西贝的传奇。

"如果老板不支持、不认可我，团队不跟我干，我上哪儿

'传奇'去?"谈到贾国龙,李凤兰说,"'弄人'是老板的最强项,'弄人'他是高手,高手中的高手。有意见的,有个性的,能力大的,能力小的,他都把你用得团团转。像我这么大岁数,老板还信任我,给我平台,不断历练我、摔打我,这么多年我是一会儿哭,一会儿笑,最后哭也不哭了,笑也不笑了,现在可从容了。"

西贝三代店是如何创造出来的?

接下来的故事给你讲讲,西贝历史上几次关键创新诞生的逻辑。

贾国龙说:"一个伟大的企业,至少要为行业做一次贡献。在餐饮业,任何一道菜都做不到这一点,只有模式的创新才能做到。"今天西贝能在全国50多个城市开300多家店,开一家火一家,成为中式正餐炒菜品类在全球最大的单一连锁品牌,西贝三代店的创造功莫大焉。另外,西贝的事业理论叫"成就人",但如果没有引领市场的创新模式,何谈"好汉养千口"?所以也可以说是"创新模式养千口"。

先来看看西贝店面模型的成长历程。

一代店：21世纪头10年的西贝主力店面，通常开在城市边缘，数千平米的街边大店，近200道菜品。西贝骨灰级顾客一定还记得"丰收垛""大柳树""母女厨房"，还有歌队唱歌，真是"窑洞洞里吃莜面，山曲唱得乐翻天"。央视给西贝做的专题片就叫《守"土"成财》。

二代店：2010年以后，西贝开始进驻城市商业综合体，700~1000平米，100道左右菜品，朴实的乡村大妈变成了漂亮的莜面妹。

三代店：全部开在一二线城市核心商圈，300~600平米，50道左右菜品。2014年西贝三代店开出来后，外界惊呼，西贝简直"变了个人"，从"西北大叔"变成了"都市白领"！

西贝三代店还真不是贾国龙创造出来的。

王龙龙，生于烹饪世家，2006年加入西贝。贾国龙一直说："龙龙是能给西贝带来新东西的人。"2013年4月，初任创业分部总经理的王龙龙开北京王府井店，门店面积1200平米，投资近1000万，员工110余人。这是一家标准的二代店，虽然也赚钱，但模式太复杂，管理太累，效率不高，想开一家小店的种子在王龙龙心中埋下。

2013年11月，西贝派20余人赴日本观摩"居酒屋甲子园"全国大赛，王龙龙是成员之一。决赛PK环节，获得冠军的那家餐厅让王龙龙特别有感觉：这不正是我心心念念的小店模式吗？大赛结束后，王龙龙和另一位分部总经理周昕专程打车去那家餐厅"探店"。

王龙龙进餐厅一看，哇，全明档的厨房在餐厅中央，前厅与厨房一体化；厨师和服务员通岗，只有12个员工；顾客围坐在厨房周围，一边欣赏着厨师娴熟的厨艺，一边享受佳肴，厨师则不时询问顾客好不好吃，气氛温馨融洽。打听他们服务顾客的理念，"元气、笑颜、感谢"（元気、笑顔、感謝）。"元气"是正能量；"笑颜"是通过微笑和态度，展现你对人的感染力；"感谢"是感谢所有人：感谢伙伴，感谢顾客……顾客走的时候，厨师会一直送出门口，鞠躬致意。

"这不就是西贝未来的样子吗？"看到这一幕，王龙龙心领神会地笑了，"西贝门店也要小型化，店要往小里开！"2012年夏，贾国龙组织中高管连开了5天"西贝模式讨论会"，主题为"我们到底要创造一个什么模式"。会议讨论了西贝门店的三种模式："120道菜品模式""90道菜品模式""60道菜品模式"。最后，"60道菜品模式"被确立为西贝未来的主要模式。此外，会上还提出，由于炒菜最难标准化，未来西贝门店能不能不再"火中取宝"，取消明火炒菜？但具体怎么干，贾国龙也没想明白。

回国后，王龙龙在北京财富购物中心发现两家小店，左边是鞋店，右边是花店，一共278平米。对当时的西贝莜面村来说，这是一个太小太小的店了。当时很多西贝门店光厨房就不止300平米，王龙龙大胆地把这两家店都盘下来。为了打造这家小店，门店设计期间，王龙龙再赴日本考察居酒屋及各种业态的小店。

店还没开，内部质疑的声音就扑面而来：

"西贝的厨房就得300平米，你278平米的餐厅能开？"

"电磁锅炒菜哪能比过燃气灶？"

"500平米以下的西贝能不能赚钱？"

总部听说王龙龙要折腾这么一家小店，一度要否决，贾国龙就说了一句话："试试嘛，谁知道行不行呢？"

2014年4月16日，财富中心店正式开业第一天，贾国龙早早来到门店，背着手，里里外外围着门店进进出出好几个钟头，两眼放光：

首先，小而美的餐厅。西贝一直有明档基因，如搓莜面明档、功夫鱼明档等，而财富店的厨房全明档，把就餐区设计在厨房后，是一家"厨房里的餐厅"，顾客一进店就感受到美食的诱惑，食欲大增。王龙龙还把华与华设计的超级符号"I ❤ 莜"等品牌环境创新元素整合进小店,传统中餐馆摇身一变,成了现代时尚小店!

其次,少而精的菜品。王龙龙大胆试验"60道菜品模式",精选了66道菜。

再次,模式的标准化。由于财富店厨房生产空间小,全明档,对生产效率、品质和食品安全要求高,因此,王龙龙团队在生产设备、工艺流程和用工上进行了多项创新,拉动了上游供应链的变革和创新,推动了门店生产、服务模式与供应链的标准化,大幅提升了运营效率。

"真是神来之笔啊!"在现场,贾国龙无比兴奋,"这就是西贝精选店的模式!不,这就是西贝莜面村未来的样子!"

当天中午,财富店门口排满了顾客,小小的厨房应接不暇,显得非常忙乱。贾国龙目光扫射全场,突然走到王龙龙身边:"龙龙,能不能现在停止接待顾客?"

王龙龙吓了一跳,不解地问:"这么多客人,这么好的生意,为什么不接待了?"

贾国龙没再解释:"下午1点停止接待顾客,我们开会。"扭头离开。

会上,一个决定更让王龙龙大吃一惊。

"我们能不能把菜品种类再减下来?"贾国龙说。

"减到多少?"王龙龙好奇。

"再砍一半,33道!"在内部,贾国龙有时说话像钉钉子,一出口就带着不容置疑的语气。

老板在开玩笑吧!王龙龙团队的头摇得像拨浪鼓:"这可不行,太少啦,会伤客的!"

贾国龙决定动用老板"特权":"龙龙,你这家店投了260万,如果赔了,我补给你;如果挣了,你我都是股东,该怎么分怎么分。"毕竟贾国龙"官大",王龙龙点头。

说干就干,同事现场拉来白板,按顺序写下销售占比最高的菜,只留33道菜。"连夜赶制新菜单",减成33道菜后,贾国龙提出要把大本菜单改成单页手风琴式拉页菜单:"明天中午按33道菜开始营业。"

第二天中午开餐,想就想得出,变化立竿见影!原来66道菜,10个师傅每人做6道;改成33道菜,变成每人做3道菜,菜品品质得到更好保证,同时出餐快了,不忙乱了。

不光砍了菜,"33道菜品模式"的西贝三代店还砍掉了包房,全是散台。"西贝到底要搞什么?!"这一变革后,被顾客骂了整整半年,"店太小,菜太少,西贝怎么都成快餐了!"

挺着。贾国龙心里有数,不舍哪有得?"相比菜单丰富,品质和好吃更是顾客利益。"挺过半年，顾客习惯了，也不骂了，三代店各项经营指标都显著高于二代店。三代店带来的小店模式、少而精的菜品，也让西贝更有底气践行"好吃战略"。贾国龙说，只有好吃才有叫客力，过去我们提出"非常好吃、非常干净、非常热情"是平均使力，现在调整为超配好吃："非常非常非常好吃，非常干净，非常热情"，西贝也才敢对顾客公开承诺"闭着眼睛点，道道都好吃，不好吃不要钱"。

财富店成功后，王龙龙快速复制这一成功模式。4年时间，从只有3家店的小分部跻身拥有27家门店，1500名员工，2018年年营收4.5亿的大分部。

三代店的诞生更带来了西贝莜面村的爆发式发展，门店数从2014年底的60家，飙升至2018年底的325家，跻身中餐龙头。因三代店的突出贡献和成就伙伴方面的突出贡献，王龙龙竞选成为首届"西贝好汉"。

西贝三代店也推动了中式正餐行业的变革转型。不仅中餐企业纷纷来西贝学习，模仿西贝的小店模式，而且国家餐饮行政主管部门也把西贝三代店的明厨亮灶作为行业标准，大力推广开放式厨房的"阳光餐厅"。

读完三代店诞生的故事，你有什么感触和收获？林男有三条经验和你分享：

一是老板和企业的方向感。创新也好,放权也好,都不等于乱来,总要有一个方向。三代店创新背后,是西贝人对门店模式长久的探索和努力。念念不忘,必有回响。

二是西贝不惜代价地送干部学习。王龙龙说,西贝每年在自己身上的学习费用投入不少于30万。多次上中国台湾江又毅老师的圆桌课,激发了他"人,就要创造不同"的精神;刘一秒的"全员生发"让他懂得团队是力量的源泉,"一伙人,一辈子,一件事";美国老头理查德领衔的产通天下领导力培训,激发了王龙龙的人生召唤:"人们感受爱,创造全新未来!"具体到王龙龙创造出三代店,如果没有西贝一批一批地花钱送王龙龙等各级干部到全球学习、考察,不求立竿见影效果地花钱送王龙龙们学习、培训,见都没见过,灵感都没有,谈何财富店的创造?

更重要的一条:贾国龙放手让王龙龙放胆去干,不怕给王龙龙交学费。

"什么是领导力?"王龙龙说,"领导力就是让对方感受到你对他的尊重和信任。"三代店创新从无到有,贾国龙最大的支持其实就是撂下的那句话:"试试嘛,谁知道行不行呢?"

王龙龙2011年独立开的第一家店——北京西直门交大店,6年营业额1个亿,可才赚区区100万,在选址、经营上都有很多教训，最后关店。但贾国龙就是给机会让王龙龙"练练手"，攒够经验，还培养出陈真、刘权章、狄玉刚等一批颇具创新意识的大将，后来才有了开金源店、王府井店的成功，创造出三代店这一"神来之笔"，以及西贝顾客熟悉的那些经典服务：25分钟沙漏上齐一桌菜、员工去洗手间要穿隔菌工衣、服务员手捂胸口承诺"西贝不好吃不要钱"……

"真正的信任，是对自己的信任"

三代店大获成功后，贾国龙没有醉心于数钱。从2015年起，他就把自己的大部分精力投入"西贝五代店"的创造。在三代店的基础上，他想亲手创造出一个全新的"五小模式"：小吃、小喝、小贵、小店、小老板。之后的几年，贾国龙像一位迷宫中的将军，带着团队兜了无数个圈子，屡战屡败，屡败屡战，这些故事在本书最后一章有精彩描述。这里之所以要拎出其中一个细节，想说的仍然是关于西贝领导力中的"放权"与"信任"。

2018年3月底，在五代店项目上吃足苦头的贾国龙发誓不再"亲自上场做运动员"。探索出"超级肉夹馍"这一品类方向后,有一次,他给在华南的齐立强分部老大齐立强打电话,直接点将:"小齐,你创新点子多,可在西贝天天被洗脑,现在给你个选择,愿不愿意全面接管肉夹馍事业部?"

我能做些什么?我擅长做什么?我能为超级肉夹馍事业贡献什么?齐立强思考了两天,给贾国龙微信发了几段话:

"老板好,周六接到您的电话,特别意外,但也让我特别兴奋,您能把这样的机会给我,让我考虑,我感受到了您对我的重视。能为西贝的未来作出我独特的贡献,这特别能激励我。

"独立操作这个项目,我一定不是最合适的人,但在研发初期,为这个项目提供一些不一样的实践,我一定是最适合的人之一。而且,对于创新,对于营销,对于新项目的开发,我有天然的热情,我特别愿意参与进来——以我的方式。

"对这个项目,我有一些自己的想法。这个项目对西贝极其重要,但不紧急,我很想在季度会上和您细谈一次,如果我来深度参与这个项目的话,我打算怎么做,我希望得到您怎样的授权和支持。"

其实,这件事正中齐立强下怀。齐立强擅长探索新事物,和王龙龙一样都是西贝创新能力特别突出的干部。此外,还有一个特殊动力:齐立强分部的二号人物,喊齐立强"齐哥"

多年的分部营运副总陈鹏鹏。陈鹏鹏2016年离开西贝独立创业,他在深圳创立的"陈鹏鹏鹅肉饭店"红透深圳半边天,成为可以媲美喜茶的餐饮界的一面创新旗帜。虽然齐、陈二人依然是兄弟,可换你是齐立强,心里会没有一种重新证明自己的强烈冲动?

2018年4月13日,西贝一季度会结束后,齐立强找贾国龙约法三章:叫什么名字,开多大,选址在哪儿,卖什么产品,齐立强不向贾国龙汇报,贾国龙也一概不许过问,齐立强想怎么干怎么干,想调用谁调用谁。

"好!什么时候店开了,你叫我去我才去!"不想再亲自上手的贾国龙当然乐意。

"对了,这家店需要总部拨你多少启动费?"贾国龙问齐立强。

"100万吧。"

"300万!"贾国龙拍板,"还有,小齐,把我过去说五代店和超级肉夹馍的话,全扔掉!"

2018年9月19日,台风"山竹"过后第二天,深圳"老贾家肉夹馍"在福田区一个居民区开业。和4年前财富店开业一样,贾国龙又领着几位干部,背着手晃进店,晚上6点进店,夜里11点才出来。到处张望,一言不发,但贾国龙的神情让齐立强心中有数：这回，成了。和对面的肯德基比起来，自己的门头是那么不起眼，但上座率比肯德基还高。90多平米的小店，日均营收2万多，因为主卖西贝的馍、粉、面、粥，丰俭由人，从早到晚，从小区富商到物业保洁阿姨，客人络绎不绝。2018年11月底西贝战略会，听完齐立强汇报他的五代店模式，好几位西贝高管激动地起身冲向齐立强："这下，五代店终于落地了！"

齐立强创造的五代店能否像王龙龙创造的三代店那样，成为西贝创新史上又一里程碑呢？我们拭目以待。那次齐立强汇报后，贾国龙在高管微信群中写了一段话：

"王龙龙创造的西贝三代店，适应了快速发展的商业综合体，五年让西贝莜面村门店突破300家，西贝顺理成章地成为了中餐领先品牌；齐立强创造的西贝五代店，将顺应大量社区居民的需求，让他们随时随地地吃上一顿好饭。市场空间巨大，5年3000家店不在话下，西贝也必然会成为中餐的领导品牌，走向世界，水到渠成。感谢王龙龙！感谢齐立强！"最后，是三个作揖祈祷的表情符号。

有一次，我和齐立强聊到贾国龙究竟哪一点最过人。

"老板发动人最厉害，他那种对事业的热情，把你裹挟进来……"

我俩还谈到了信任。信任是激励的前提，如果对领导者缺乏信任，激励很可能适得其反，被手下当作阴谋、手段、挖苦和讽刺。

齐立强想了想，认真地看着我说："真正的信任，是对自己的信任。"

我觉得说到了点上，再进一步，到底信任自己的什么呢？

我还真问了贾国龙。

"我相信自己早晚会让你信，"贾国龙说，"但首先我自己得信。信自己的能力，还有自己的诚实，相信我自己真这么想，真这么说，真这么做，也相信我能做成。"

贾国龙这番话，与德鲁克对信任的定义颇有共通之处。德鲁克说，信任领导，并不一定就是喜欢领导，也不一定就是与领导意见一致。那信任是什么？信任就是深信领导人能说到做到，领导人必须言行一致，或至少言行相符。

能做到这一点，真的不容易。

如何管理知识精英？

如何管理知识精英，是一道世界级难题。

多少老板在抱怨，身边缺少厉害的人。贾国龙说，身边的人不厉害，不是身边的人的问题，是老板自己的问题。

如今，西贝总部副总裁以上级别干部将近20位，大多数从跨国公司员工、创业者、大学老师、政府部门职工等身份"空降"到西贝，尤其在2016年，西贝更是成建制地从外部引入专业干部。贾国龙如何用好这群知识精英？答案是一把钥匙开一把锁，但其中有一些道理是共通的。

下文讲的就是一位知名媒体人、管理顾问。他在人生低谷遇见西贝，从顾问到高级副总裁，最后操盘整个西贝数字化和新餐饮布局的故事。

张兴旺在西贝"一步步越陷越深"，实属一场意外。他担任《销售与市场》杂志主编多年，2010年开始创业，追随著名管理学家包政研究德鲁克思想和社区商务理论，公司业务包括咨询、内容、培训，张兴旺任CEO。2014年至2015年，贾国龙参加了几次张兴旺公司举办的线下课程，还和60多名西贝干部一起线上付费学习包政、张兴旺等人创办的"包子堂"。虽然很多内容听不懂,但贾国龙感觉,以小米公司为代表的,通过互联网把用户大规模组织起来的方向是对的。

2016年5月29日,张兴旺在四川遭遇车祸,卧床养伤之时,得知其他几位联合创始人退出公司业务,创业7年后公司面临解体,年过四十的张兴旺陷入人生低谷。"大不了下半生当个个体户,讲一天课也能挣几万块,50岁以后集中精力,写一本关于社区商务的书算了!"伤心时,躺在病床上的张兴旺想。

一个多月后,出院回京后第二天,腰上绑着支架的张兴旺约贾国龙见面,贾国龙做东,地点安排在京城高端会所健一公馆。为了听张兴旺讲传统餐饮究竟能和移动互联网产生什么样的化学反应,贾国龙点了上万块钱的红酒。

张兴旺的PPT没放到一半,贾国龙就挥手示意不用讲了:"哎呀,别讲了别讲了,就这样干吧。"

难道我没讲好?张兴旺还一度纳闷儿。后来有一回,贾国龙问他微信订阅号和服务号到底有啥区别,张兴旺才明白,自己讲的东西,这位贾总当时确实没太听懂。

"我认可这个方向,你们做的事情我不懂,但我全力支持,你们要多少资源,公司给多少资源。"贾国龙一开始就这么说。

张兴旺之前公司的团队入职了西贝,同时按照贾国龙要求,张兴旺开始给西贝做顾问。就这样,张兴旺开始"被推动着"在西贝做点什么。他以微信秒付为切入口,把大规模用户连接起来,提高了门店的收银效率,排队付款、积分易出错或积不上分等长期困扰门店运营的问题得到了解决,光秒付零费率一项,2017年就为西贝节省了上千万元。同时,靠数字化手段,2017年一年就连接了近千万用户。这只是第一步,张兴旺看得清楚,西贝是一块绝佳的试验场——良好的客户基础,数百家门店就是移动互联网的入口,好比小米公司的手机,"西贝一年接待5000万人次顾客,如果变成5000万活跃用户,完全可以再造好几个西贝!"

"兴旺老师,你对社区商务有这么深的研究,就不想找个地方实践?"贾国龙对张兴旺说,"西贝就是很好的实践场啊!"

媒体人出身的人都有点牛气。比贾国龙有钱的老板,张兴旺见得多了,当了多年创业公司CEO,哪想再回去给人打工?但张兴旺发现西贝竖起了一面"成就人"的大旗,而且在玩儿真的。"今天很多企业喊出以人为本,但有几家做得到?各种'秀',以为有钱就是一切,缺少底层的思考。"他说，贾国龙常提到的两句话恰恰是德鲁克思想的精髓，一句是"组织为人所用"，另一句是"组织是人的工具"。

还有一点很关键，张兴旺还发现了这位贾老板身上有一点不一样。

2017年春节后，张兴旺加入西贝，分管新成立的会员部。从外脑变内脑，从贾国龙的顾问变手下，张兴旺的处境会有很大不同吧？结果是，贾国龙一没有KPI，二没有预算，就让张兴旺放手去干，还是那句话："你们做的事情我不懂，但我全力支持，你们要多少资源，公司给多少资源。"

"他从来不问：兴旺，今年甄选商城干多少营收啊？亲子莜面活动全国搞多少场啊？他总是问：兴旺，钱够不够？还需要什么支持？"张兴旺说，"他给我最宝贵的是信任，无条件的信任。因为这份信任，我更要特别谨慎。万一干不成，坏了自己的口碑哪行？"

张兴旺后来被称为"西贝牛人——牛人自带战略"是有道理的。他不是纸上谈兵，而是能把事情实实在在干出来，且上手快。加入西贝后，张兴旺自定战略，自搭班子，自带队伍，自选办公地点，在西贝平台上开始新的创业：

移动支付、客访系统、在线点餐、外卖接单平台大规模地把顾客连接起来。

亲子莜面体验营、亲子私房菜、亲子集体生日会、相亲大会，从更多维度感动了顾客。

更具战略意义的一步棋是西贝的线上"好市多+小米模式改造"。2018年起，推出VIP会员卡并上线西贝甄选平台，深入顾客的生活方式去提供服务。

贾国龙形象地比喻，过去西贝打仗都是"地面肉搏"，兴旺团队就是西贝的"空军部队"，为西贝插上了移动互联网的翅膀。

2017年12月，西贝年度战略会前，贾国龙特意带全体高管走进张兴旺的会员部，这也是贾国龙第一次迈进张兴旺团队办公区的门。听完会员部的运营思路，环视办公区里短短几个月就组建起来的近百位员工团队，再用手抚摸内蒙古武川莜面、新疆大枣等为即将上线的西贝甄选商城准备的商品，贾国龙踱步在人群中，轻轻摇晃着脑袋，脸上露出难以置信的夸张神情，情不自禁地不停念叨两句话：

"哈哈，牛人干牛事，牛人干牛事啊！"

"哎呀，难者不会，会者不难！难者不会，会者不难啊！"

听见的高管一边觉得老板可爱，一边心里嘀咕：老板啊，你也是见多识广的人，兴旺团队是厉害，可你也把他们抬举得太高了吧！

后来贾国龙和我谈到这一幕:"林男,你知道我对我不懂的东西,人家真强了,我就会发自内心地佩服,怎么出来这种人呢!我不会刻意,对人认可不认可一下就表达出来了。能不能装一下,忍一忍?很难。这方面可能也需要修炼吧。"

这一幕背后,其实是贾国龙管理知识精英的心法:

"高级人才怎么管?不是'管'着干活,是'捧'着干活!我只想,我对他的开发、支持、激励够不够?"

高级人才本质上是自我引导的。"对高层,千万别玩儿'前边有肉,后边有狼'这一套。对高层就是责任心、使命感、成就感。你想想,有条狼断着他后路,多不爽啊,要是我就不爽。"

"你后边有狼吗?"我追问。

"没有啊,难道把海底捞设为狼?没有啊,各跑各的赛道,但西贝的愿景是激励我的。"

张兴旺的老师包政在一篇文章中告诫老板们:"与精英们在一起工作,千万不要自作聪明,千万不要装模作样,当你打算拿架子、端起来的时候,得弄清楚自己几斤几两,弄清楚在别人心目中的实际地位。拿捏不好,相互折磨的过程就立即开始,没头没脑,愈演愈烈。"

贾国龙说:"我怎么用兴旺?就是'欣赏'!他做一点事

不错，我就鼓励，再做，再鼓励，一点点放大。"2018年初，贾国龙让张兴旺接管了西贝数字化部，与会员部合并成立西贝新餐饮中心，张兴旺成为操盘西贝数字化转型和新餐饮布局的高级副总裁。"我就一点点信任他，如果一开始就让他接任，他还不一定接呢。"

加入西贝头1年，张兴旺把自己多年积累的功夫在西贝尽情释放，过得如鱼得水。但2018年，尤其是大部分精力杀进西贝数字化转型战役后，张兴旺头发一把一把地掉，1年掉了15斤肉。最艰难时，他也会在朋友圈转发阿里云王坚的创业故事：《真正的强者，是在最孤立无援时依然坚持到底》。

"我真是无知者无畏，早知道B端供应链这么复杂，打死我也不接！"张兴旺私下说。而围绕面向C端的西贝甄选商城的打法，张兴旺和贾国龙还有一次公开冲突。

西贝甄选商城上线半年后，一次在沙漠复盘，贾国龙发现甄选商城上有不少大路货——在别的地方也能买到，只是贴上西贝的LOGO而已。

"要是我都懒得做这些，看不上。"贾国龙对张兴旺团队说，"如果你们真牛，就只做特供，强制性配齐200个买手、'星探'，奔波在整个大西北挑最好的羊肉、最好的阿克苏苹果、最好的白兰瓜，小批量优中选优，接受C端用户线上预订，按需订货。"贾国龙提醒张兴旺团队，不要因为追求销量而动作变形，要坚持做用时间才能积累出竞争优势的事，"你说咱们甄选商城一定要做多大？该多大多大，自然长大，但咱们一定要做一个牛逼的公司——就是永远供不应求。做牛逼公司，日子就会很舒坦，我们就有定价权。"

贾国龙对张兴旺说："听你们的汇报，一不是生意人，二没有老板思维。"

当时，张兴旺陷入B端供应链改造，正焦头烂额，西贝甄选商城有些商品的确没有档次，被老板公开批"不是生意人"，张兴旺感觉脸面无光，当众反驳贾国龙："我们就是拿那些商品练练手。你说的方向我认，但说甄选商城上卖的是大路货，我会犯那样的错误吗？"

贾国龙说："犯错是回避不了的，你只要不犯错，就不可能有大成绩。我不是说你错，而是说你不厉害。"

"那总得有一个对标吧，现在谁比我厉害？"张兴旺站起来，语气中流露出抗拒。

"未来的你比现在的你厉害啊！"贾国龙脱口而出。

眼看气氛变僵，有高管出来圆场："贾总，其实您和张老师说的方向不冲突。"

"我俩必须有冲突，"贾国龙瞪圆眼睛说，"怎么能没有冲突呢？没有冲突就是回避矛盾，咱们不要回避争吵，就是要用语言打拳击，你打我我打你，互搏中出智慧。最怕的是风平浪静谁也不争论，最后问题搁置。你们都准备好吧，反正我是有语言暴力倾向的。"

"别怕冲突，人没那么脆弱。"贾国龙说。面子有时不是用来保护，而是用来撕破的。当与张兴旺建立起足够的信任，贾国龙开始有意识地"撕"张兴旺的面子——那是会卡住张兴旺的东西。

关于面子问题和自我批判，任正非在华为有一句名言："不要脸的人，才能进步。"吴春波先生在《华为没有秘密2》中写道，任正非在华为内部说："我唯一的优点是自己有错能改，没有面子观。"任正非还多次声明，在华为，他最"不要脸"，所以进步最快。

谈到张兴旺的"脸皮薄"，贾国龙说："人们常说'秀才造反，三年不成'。为什么？秀才通常在乎过程中的面子和感觉，而武将不是，武将最终打赢了才有面子，没打赢扯什么面子？！"

贾国龙说，当自己渐渐理解了张兴旺在西贝的实践，就可以和他"叫板"了，双方的关系也就更健康了。"关键人家兴旺接受你叫板啊，说明他也是高手。"

后来张兴旺对我说,贾国龙说话有时不近人情,一度给他"扣帽子":"你们这种知识分子……""我就是要用土匪的方式对付你们"……但回头一想,"你还能找到像他一样无条件全力支持,不计短期回报,1年在数字化改造和新餐饮布局中砸进5000多万的老板吗?真要在餐饮业干成小米模式,你还真得忍。"

"再说,到了我这个年龄,只能成功,不许失败。"张兴旺今年44岁,创业多年,辛劳很多,但一直在追求真正的成就感。

成果说明张兴旺是成功的:2018年,西贝VIP付费会员(299元一年)数超过67万;开启了以堂食为核心,外卖和线上甄选商城业务为辅助的一体两翼业务驱动模式;数字化改造方面,西贝与京东前首席技术官李大学的磁云科技成立"磁贝"公司,用一种新模式推动西贝数字化,实现"换道超车"。

人都是"练"出来的,练够没有?

半夜2点,梁飞收到贾国龙一条微信,老板晚上在广州发现一道好菜——牛杂锅,觉得这道菜原料广谱,口味和西贝现有菜品有差异性,成本也较低,吃美了,让梁飞过来看看。

这是2017年12月中旬。梁飞心想,刚和老板在鄂尔多斯七星湖开完战略会,老板这么快又去了广州。老板性子急,哪敢耽搁,梁飞马上飞广州,找到贾国龙去的那家餐馆,连吃四顿,觉得色泽、味道、呈现感都还不够。

"老板认可还不行,非过了自己舌头这道关才算数。"梁飞心想。

这位负责西贝牛肉菜品的炖菜总导师没回北京,就留在羊城广州寻味。经白天鹅酒店一名美食向导介绍,梁飞发现天河区有家私房菜,老板60多岁,亲自做一道"牛锅锅",牛腩、牛杂、牛排,配一点青椒、胡萝卜、小青菜,炖在一锅,浓香诱人。但"牛锅锅"好吃的真正秘密,不只在原料,还在酱料。厨师研发菜品,什么特难搞?配方。配方探不透,一道好菜就没戏。

梁飞绰号"小诸葛",但性格腼腆,属于慢热型,人称"闷牛"。他跟这位60多岁的老板说:"老师傅,您这个牛杂太好吃了,我们是西贝的,在广州考察了一圈牛杂,您家最棒,我觉得咱们能合作。"聊菜,让行家有说行话的机会,老爷子话匣子一下打开了,梁飞点了瓶XO,一对老少爷们儿聊得很欢,老爷子也没收钱。

晚上,梁飞把老爷子请到西贝广州天河店,吉祥烤羊背、草原全羊杂、西贝羊锅锅,所有大菜上了一遍,这会儿,"闷牛"不闷,西贝每道菜背后都是一个故事:"西贝草原羊,跟野生动物唯一的区别是有主人;西贝沙棘汁,野生沙棘采自山西吕梁山沟沟,人挑着扁担才能进去……"菜上齐,梁飞起身,嗓子里飘出人们耳熟能详的内蒙古乌拉特民歌《鸿雁》:

鸿雁,天空上,

对对排成行,

江水长,秋草黄,

草原上琴声忧伤。

鸿雁,向南方,

飞过芦苇荡,

天苍茫,雁何往,

心中是北方家乡。

……

酒喝干，再斟满，

今夜不醉不还。

草原民歌旋律悠扬、辽远，有一种穿透力，总让人情不自禁。老爷子被梁飞的真诚感染。临走，梁飞直说："大叔，明天给我炒点酱。""没问题！"第二天早上，梁飞拎着两瓶3000多块钱的洋酒去见老爷子。老爷子把一瓶亲手炒好的酱递给梁飞。

如何"回礼"，如何处理"中国式的人情往来"，是你我生活工作中都会遇到的问题。西贝有一条不成文的规矩：不能亏欠别人。比如贾国龙参观供应商，人家留下吃饭，不吃吧不近人情，西北人讲"太寡"；吃吧抢着买单也买不上，结果吃了人家的嘴短，拿了人家的手软。说下次你来北京我回请你，人家要是1年不来北京呢？对你的心理优势就保持1年。贾国龙怎么办？汽车后备箱里总是塞满了茅台酒，吃完饭撂下几瓶茅台，保证酒钱大过餐费，一把一过，谁也不欠谁的。

搞配方只是开始，要在几百家门店呈现出好吃如一的水准才是真正的挑战。先要找到科学理论支撑，还有设备、原料、工艺，很多工序放在央厨还是门店，都需要反复推敲。

仅仅半个月后，2018年1月6日，我在西贝2018年试菜会上吃到了这份"西贝牛锅锅"，味道浓郁，口感绵润，特别下饭。梁飞告诉我，他从广州直奔内蒙古，寻找"牛锅锅"原料，请食品科学家论证工艺。两天前，他在贾国龙家里首次试验出这道菜。

梁飞这样的大厨，就是餐饮业的科学家和研发人员。他说，"牛锅锅"的挑战在于原料的前端工艺处理。如牛肠，生牛肠外有一层黏膜，如不去掉，腥、扎。先要用滚揉机洗肠，肠子剪多长不绞在一起？西贝禁用工业火碱，头一遍冲洗，多大比例的食醋、苏打和盐，才能既去掉牛肠黏膜的腥，又不损坏牛肠本身的弹性？第二遍冲洗，哪些蔬菜熬成的酱汁最能去腥、增香？如何冷冻？如何在中央厨房都处理好，回门店撕袋、倒水、开火……

今天的梁飞，已不是当年只想"把菜炒香""在西贝菜谱上有自己一道菜"，或是靠舌头和鼻子玩儿"经验""少许""感觉"的厨师了。食客眼中的一块牛肉，在他眼里就是水分多少、蛋白多少。他的工作就是进入微观，研究成分、剂量、温度，让全球原料为我所用，通过"人、机、料、法、环"¹创造出爆品,卖得多,卖得好,吃得住。

梁飞在西贝的成长,主要不是别人"教"出来的,而是自己"练"出来的。我们身边很多人,包括我自己,往往是"学"了太多,"习"得太少。西贝监事王庆祥曾给贾国龙讲过《庄子·天道》中的一个故事:

某天,齐桓公在堂上读书,一个名叫轮扁的木匠在堂下干活儿,见齐桓公手不释卷,上前问道:"主公读的是什么?"

桓公说:"都是圣人之言。"

木匠问:"圣人还健在吗?"

桓公答:"已经死了。"

木匠说:"那主公读的不过是糟粕。"

桓公大怒:"国君读书也是你一个木匠可以妄议的?要是讲不出道理来,寡人弄死你!"

木匠便开始讲他的道理:"比如小人做车轮,怎么用料、怎么安装是可以教给徒弟的,但是怎样才能恰到好处,保证车子跑得又快又耐用……嘿嘿,只能凭日积月累获得的感觉,儿子都学不会,所以我70岁了还得亲自动手。活人都教不了活人,死人的话又有什么用?"

1　影响产品品质的5个主要因素,即"人员""机器""物料""方法""环境"。

贾国龙经常说，人都是"练"出来的，你掏心掏肺跟一个人讲管理心得，希望他能够收到，结果往往无效。所谓"练"就是让他犯错，让他把该经历的都经历了，练"够"就好了。

2016年西贝泰安年会，梁飞平生头一次面对近千人的大场，上台脱稿述职。最怵公开讲话的梁飞紧张得满头大汗，哆哆嗦嗦讲完，下台后直接送去了医院。1年后西贝上海年会，梁飞上台分享浇汁莜面生产作业视频，逻辑清晰，视频让人一看就懂，让台下的贾国龙都眼前一亮："吓一跳！"如今梁飞人称"梁教授"。

"西贝是个大熔炉，让你每天挑战自己，"梁飞说，"1天没有创造，就心慌。"

如今，梁飞的新任务是打造西贝内部说的"30年来都没有过的头部菜品"蒙古牛大骨。做好一顿饭容易，可西贝一道菜要面对西贝几千万顾客的嘴巴和胃，又要好吃，又要大规模、标准化，西贝要攻克的就是中餐标准化这一几乎所有人都说"怎么可能"的悖论。

梁飞说："西贝就是挣难挣的钱呢，我们难受，顾客才会好受！"

中餐标准化：一碗泡面引发的灵感

中餐大发展最大的命门是什么？很多人都说：相比西餐，中餐原料、温度控制等都太复杂，和标准化天然对立。贾国龙不信邪："中餐复杂，能复杂过制造汽车吗？汽车都能标准化，中餐为什么不能标准化？"西贝在全国50多个城市，有300多家门店，如何保证每道菜在每家店都是同一个口味？我挖出一个有趣的故事。

猪肉烩酸菜，西贝菜单上一道临河土菜，上好的猪肉、酸菜、猪油，烩在一锅，香气扑鼻，下饭佳肴。但这道菜有个问题始终难以攻克：油大油小总也控制不好。央厨炒好一大包，送到门店分解成小份，但猪油和酸菜、猪肉的比例总也无法做到精确，油大了，腻；油小了，柴。一度，贾国龙都准备把这道家乡名菜"废"掉。

付国，西贝七星大厨，也百思不得其解。一天深夜，付国在上海西贝华东央厨加班，顺手泡了一碗统一老坛酸菜牛肉面填肚子。撕开方便面里的小包装，冲进开水，看热气从碗里蒸腾上来，哎，灵感来了！方便面卖上亿碗，吃着都一个味儿，咋做到的？面饼是面饼，蔬菜包是蔬菜包，油包是油包，调味包是调味包，精确计量，分开装，到食客手里再泡在一起！中餐要标准化，逻辑不也是通的：分离—组合。分离是为了精确，组合是为了味道。

在总导师张慧的帮助下，付国发明了一台油肉分离器，央厨一大锅猪肉烩酸菜炒完，再"请进"油肉分离器沉淀，猪肉和酸菜在上面，油在下面，分开配送到门店。同时发明刻度勺等工器具，到门店，按标准作业指导书分别加肉、加油、现炒。今天，这道菜在西贝1年能卖超过1个亿。

"分离—组合"成为一种思维，从油肉分离，到油水分离、干湿分离、肥瘦分离，可以说，没有"分离—组合"，就没有西贝菜品的标准化。而没有付国和张慧的日思夜想，就没有那"一碗方便面的灵感"，或许就跨不过中餐标准化的瓶颈。

创新真奇妙。

1992年，20岁的付国加入西贝，头一次上手做菜是炒蛋炒饭，满满一锅蛋炒饭，半锅被付国炒到地上。当年25岁的贾老板正好进厨房，瞅见一地狼藉，把付国慌的，结果老板没骂，对自己微微一笑。"你说他是无奈还是鼓励？"

付国很年轻就当上了厨师长。"那些年西贝就特别能请外地高手。川菜、粤菜、湘菜师傅一来就当厨师长，我就下去；

人家走了,我又上来,上上下下好多回,但老板从没给我降过工资。"付国说,"待遇不降,有时候还得涨涨。"贾国龙说:"其实就是基于信任,我提你也是真心的,降你也是真心的,只要真的为他好,他为什么要走?"

多年后,付国任西贝天津地区总厨。天津地区老大高泽平调回北京,贾国龙找付国:"你愿不愿意当天津老总?"付国做了,赔了,还赔得不轻,关了两家大店,损失2000多万,搞得付国灰头土脸。

对这场败仗,贾国龙只字不提,把付国调回总部,改任标部导师,高级总监级,保证待遇。

为了培养几位大厨的领导力,每次付国等人上产通天下领导力培训课程,贾国龙都一连几天、无论多晚地陪在一起。付国说:"有回老板就坐我边上,听着听着课就睡着了,眼袋那么深……"

之后,有了中餐标准化的突破。

在西贝,付国这样的故事有很多。

2013年,"八项规定"出台后,贾国龙果断关掉呼和浩特腾格里塔拉酒店,8000多万投资打了水漂,没一句怨言。

"这是老板特别霸气的地方,"张慧琴分部总经理张慧琴说,"这8000万等于都投到人身上了。"

我问贾国龙:"听说干部打了败仗,你从不指责、罢免?"

"如果他没有全力以赴,我会不依不饶;如果他全力以赴了,我根本不会计较他的结果。"过于拿结果说事,不是贾国龙的性格。

"打败仗免人没道理。"贾国龙瞪圆眼睛,提高嗓门儿,"人正,能力有,打过败仗,更有价值啦!"

谁犯错,谁成长:西贝试错有"度"吗?

让王小华最刻骨铭心的是一次价值100万的错误。

王小华,硕士毕业,原来是西贝大学副校长。2014年,分部老大王龙龙率先创造出如今的西贝主力店面——"小而美的店面、少而精的菜单、全开放式厨房"的西贝三代店。王小华听了王龙龙一次演讲,被触动,铁了心,不当校长当经理。

女书生头一回上手干餐饮没少闹笑话。有一回,客人要一把勺子,王小华抓起一把厨房用的勺子就递给顾客了。刚当店长头1个月,王龙龙每天穿着印着"王龙龙"名字的白色大厨服,准点儿来店里上下班,手把手教王小华摆台、传菜、跟顾客聊天、做财务分析。那些日子,分部老大王龙龙干起员工的活儿,王小华跟在一旁有样学样。一次,王小华始终做不对一件事,气得王龙龙脱下大厨服,把大厨帽扔在地上,离店而去:"你自己弄去吧,我不管了!"没过多久,王龙龙又回店里,套上大厨服继续教。"他希望我们方方面面都是好的。"王小华说。她刚当店长时整天皱眉头,王龙龙看见了:"你咋又皱起眉头了?以后想皱眉头,拿手摁住。"

2015年2月,王小华开北京公益西桥店。当时营业执照已办好,但正走流程,还没拿到手。王小华开店心切,商场随口一句"不行你先开,有商场替你说话",开了,不料没几天,被某部门抓住不放,要重罚西贝100万。

1分钱没赚,就被罚100万!初当店长的王小华简直想跳楼,给王龙龙打电话,哭得稀里哗啦。王龙龙安慰她:"大不了咱把店关了,把东西搬走,再开一家店,怕啥!"王龙龙越这么说,小华哭得越厉害。后来,王龙龙出面解决此事,自始至终,别提处罚,一句重话都没对王小华讲。

有次正和岛商学院走访西贝,王小华分享了这个故事。100万,哪是开玩笑的事儿?!之后与贾国龙交流,有创业者就提出疑问:难道无论员工犯了多大错,西贝都不处罚员工?西贝容错文化固然好,但有没有"度"?言下之意,你们西贝到底还有没有规矩?30年下来,西贝治理形成了什么样的制度、流程、工具、方法？

"试错就是试错，没有界限，但要有文化，西贝蓝图中对创新的解释就是：敢于试错，持续优化。"贾国龙答道，"首先我都不知道这件事，西贝干部的权力很大，基于公司文化，完全有自由裁量权。"西贝确实是一家文化重于制度的公司，新员工入职，有没有一本详细的员工行为规范手册？没有。

"那你哪些权力不会下放？"那位创业者穷追不舍。

"这么说吧，第一，我不过问钱，基本不看财务报表，基本不签字，花钱你们看着花；第二，我不过问底下用人，谁用人，谁选人，谁负责。"

那位创业者不解："因为西贝经营状况好，所以你才不看财务报表吧？"

贾国龙的头摇成拨浪鼓："不、不、不，就因为不看报表，业绩才好。"看现场乐成一片，贾国龙解释西贝30年的取胜之匙："就是由于放权、信任，大家基于西贝文化和价值观做事。"

以我对西贝几年的观察，要说有哪些权力是贾国龙不会下放的，一是思想权、文化权；二是企业的战略大方向和节奏。除此之外，西贝人放手创造，百花齐放。做一位成果鉴定者和激励者，贾国龙乐此不疲。

回到王小华的故事,员工犯错,企业兜底。贾国龙常说"谁犯错,谁成长":"人从错误中学到的最多,成长也最大。她认了错,改了错,结果刚一成长,你把她开除了,你傻不傻啊?换来个新人,没错过,也许更麻烦。首先犯错是有概率的。王小华错了,损失100万,来,换你去,没准损失更多呢。再说,做企业要有一点父母心,王小华要是你女儿呢?西贝的传统就是因事修人,咱们的分部老大都是赔过大钱的人,后来才挣了大钱。"

那位创业者还会想,100万的错误对一位刚上任的店长来说,自由裁量权是不是太大了?"小干部经过大锻炼,将来就能当大干部。"贾国龙说起西贝的原则,"总部各部门给店长赋能,但坚持店长就是第一责任人。"

贾国龙推荐干部看印度电影《摔跤吧,爸爸》。"员工犯错好比小孩子摔倒,一种办法是,各种措施预防摔倒;另一种办法,摔倒了自己爬起来。受伤怎么办?治好伤接着练。现在很多中国小学都管到不准小孩受伤——学校怕担责。这能培养出优秀人才吗?"

经过几年摔打,王小华成为西贝支部经理,在北京、山东开了4家门店,手下100多人的队伍,涌现出一批做事用心、能打硬仗的好苗子。

谁犯错,谁成长。西贝对员工如此,对认可的外部合作伙伴也是如此。为什么很多与西贝合作多年的合作伙伴,都是死心塌地地服务西贝?"当对别人做的案子不满意,也不放弃他,来年合同继续签,我觉得这是对他最大的成就。"贾国龙说,"他今年没做好,不代表明年不能做好呀,再说,养一个自己的部门得花多少钱,还未必找得到合适的。"

·第三章·
管理就是激发善意

白氏"孤儿"

白余出生在红河哈尼族彝族自治州石屏县,石屏豆腐很出名。

宫佳佳的家乡在山西忻州市繁峙县,小米、大葱很好吃。

两个人原本是两条平行线,因为西贝,他们的命运交织在一起。

白余是个"孤儿"。4岁那年,爹娘感情不和,亲娘带着白余改嫁到石家庄。添了弟弟后,因为穷,亲娘撇下一家,跑了。没几年,后爹也死了。白余长到十七八岁,受不了村里人指指点点,也没钱读书,跑到秦皇岛打工,落入传销团伙,之后传销老巢移至山东聊城,白余一身单衣逃出。白余得了抑郁症,整宿睡不着,纠结自己的身世。轻生?不敢。出家?寺庙要大学文凭，白余中专，文凭还丢在了传销老窝。

"根本就没有地方收留我这样的破烂儿。"白余无数次低下头。

后来，好不容易在一家小饭馆找到一点家的感觉，老板、老板娘常开导白余，还给张罗对象，可哪个姑娘听了白余的情况都……白余叹气："算了吧，什么时候碰见什么时候算吧。"白余一干10年，打算死心塌地在这家店干到老，可后来小饭馆生意败落，白余又跑到烟台，在一家西北餐馆炒菜。同事中有西贝美食艺术学校毕业生，还有在西贝干过的，谈起老东家，没一句坏话，全夸西贝够意思。有这样的地方？我能在西贝待住吗？白余要和西贝"会会"。

宫佳佳小白余11岁，同样有一段悲苦的身世。妈妈"心高"，在宫佳佳很小的时候就丢下全家去了南方大城市，爸爸在煤矿做工，轧伤了腿，再也站不起来，失去了工作能力。宫佳佳跟着爷爷奶奶、有腿疾的爸爸、身体也不好的姐姐长大，十五六岁出来打工，一家人还要靠这个小姑娘贴补家用。可这位宫佳佳，待过多少家西贝门店，都待不住，短则个把月，长不过1年。有时别人无意中说了一两句不中听的话，宫佳佳都会多心，动辄不开心，上午说不来，下午就不来了。她身世不幸，天性悲观，极敏感，典型的"玻璃心"。

白余来到西贝北京公益西桥店。确实,"有奔头"。白余所在支部,王龙龙分部王小华支部总厨崔鹏程跟我讲,过去在三星级酒店学徒,每次焖甲鱼,师傅要么"小崔,去库房打点油",要么"小崔,去剥棵葱"。等油打回来,葱剥干净,甲鱼都上桌了,师傅总是"留一手"。西贝呢,一道道菜,厨师长姚鹏慧手把手教白余,鉴定,做职业规划:多久一星师傅,多久二星师傅……没出3个月,白余当上了主管烤间的三星师傅,底薪6000。

白余三十大几了,心里有了吧台一个看着挺文静的小姑娘。2017年春节,店里年夜饭,喝酒壮了胆,白余给宫佳佳发了一条微信:"我可能喜欢上你了。"不料被旁人发现,店里一下有了谈资。白余有了对象,太不容易啦,把支部经理王小华乐坏了。几天后,情人节,晚10点,王小华给正在烤间烤羊肉串的白余递过一瓶长城干红,使个眼色,说:"还愣着干啥,早点下班,带佳佳去海底捞吃一顿,给报销!"店里伙伴看白余走出烤间,一起喊:"宫佳佳!宫佳佳!"白余徒弟冲上来说:"师父你去,今晚我收尾。"白余和王小华、徒弟拥抱了一下,鼓起勇气,第一次和宫佳佳约会。

白余待宫佳佳,真是含在口里怕她化了,体贴到不能再体贴。每月工资,宫佳佳拿着;每天回家不论多晚,给宫佳佳煲汤。半年，宫佳佳的体重从130斤涨到160斤。白余跟宫佳佳回山西老家。结婚？可以，山西老家得买一套房。俩人开始攒钱。

为了让白余、宫佳佳早点凑够首付，支部经理王小华、店长张冲决定冒一次险，把宫佳佳从吧台收银员，提成公益西桥店的外卖主管，底薪6000，业绩好的话，月入能破万。王小华、张冲深知宫佳佳脾气破，"吐槽一切"，所以特别给她打赏伙伴的权力，希望她能"围"住人，希望这个新岗位能激发她的责任心。

外卖活计真不轻，接单、传单、催单、打包、结算，少不了和外卖骑士、厨房师傅打交道。宫佳佳很想做好，也没半点坏心，可她身上负能量太多，话经她嘴里一出，旁人听了往往不大舒服，她自己心里也不痛快，总和人家吵嘴，还常常自己把自己气哭。

宫佳佳，身体不"佳"，冬天怕冷，夏天怕热，有一阵儿牙疼，腮帮子肿老高。另外，不难理解，由于宫佳佳曲折的家庭背景，对这位和自己有着相似悲苦经历的、大自己11岁的白余，要与他在未来组成家庭，让宫佳佳有一种天生的恐惧，虽然感情很甜，但也让她备感压力。凡此种种，总让她心情不"佳"，几次提离职。王小华、张冲对宫佳佳三天一小谈，五天一大谈，请宫佳佳吃汉拿山烤肉——为了白余，更为宫佳佳自己。王小华说："因为佳佳这种家庭背景、这种脾气，如果我们放弃了她，她在别的地方更无法生存了。"

王小华、张冲手把手教，忍，让，对这个22岁的姑娘费尽心力，宫佳佳在公益西桥店总算待够1年。

正当人们感叹"佳佳变了"时，玻璃心，还是碎了。

2017年圣诞节前后，公益西桥店外卖包装出了问题。中午闭餐后，张冲带宫佳佳复盘，姑娘哭得稀里哗啦："冲姐，我别干了吧。"下午就回了山西老家。王小华和张冲内心无比挫败，没再苦苦相劝，她们相信宫佳佳早晚能明白，过了农历年，姑娘又大1岁，大1岁就会更懂事吧。

宫佳佳走之前，整天和白余抱怨要离职。白余呢？故意说："别干了。"

等宫佳佳真走了，白余电话追过去："快回来！你整天在家，还有没有奔头？"

白余能吃苦，可火气大。一次，前厅传菜员催烤羊腰，白余瞪眼，在火烧火燎的烤间里嚷嚷："你又想好，又想快，你到底想怎么着？"第二天没来上班。张冲微信追过去，白余回："离开是最好的选择。"

张冲："三星师傅、顶梁柱，就这么轻易放弃吗？"

白余:"不开心就放弃喽。"

我和王小华、张冲聊起这对"白宫情侣",一个生于1984年,一个生于1995年,两个内心深处阴影未散的成年人,像两只刺猬,面对批评,面对陌生的世界,本能地充满敌意。"这不怨他们,"谈到二人,王小华真像一位母亲,"他们都还是孩子。"

白余并没真走,他只是一时赌气,后来还被评为"王龙龙创业分部2017年度优秀个人",奖金1万元。王龙龙分部年会上,张冲代白余领奖。白余获奖,张冲激动得落泪:"此刻,我想对白大哥说,感谢你1年的付出。回店里,我一定要亲手买一束花送给白大哥。白大哥,你是最棒的!"白余听闻也被触动:"如今这社会,谁顾谁啊?可王小华、张冲、姚鹏慧他们,是真对我们好,不是图什么,他们真的不放弃任何一个人。"

2018年狗年春节一过,宫佳佳也回来了——张冲把她叫回来的。张冲知道"佳佳宝贝儿"要面子,不好意思主动回来,就先伸出橄榄枝。宫佳佳不再负责外卖,做回成本会计。有次,她主动代休班伙伴完成一份报表——这在从前是不可能的事;和张冲一起弄到深夜,"冲姐,怪我笨,给你添麻烦了"——这在从前也是没有说过的话。

2018年4月,张冲要去山东烟台开新店了。出发前,她找到宫佳佳:"佳佳,我走了,你一定对白大哥好一点。"张冲还拜托接任店长金春阁关照好店内每一位伙伴。谈到宫佳佳,特别叮嘱要包容、耐心:"春阁,佳佳要是特别懂事,特别优秀,不就不需要我们了吗?"

张冲说,外人看来,宫佳佳一身毛病,可姑娘每个月大部分收入都打给家里,上了岁数的爷爷奶奶、躺在床上的父亲,一家人还指着这个小女儿哩!"我看到了,最起码,佳佳骨子里有一种斗志。"

细想想,谁心里没有一点火儿、一股劲儿?

白余微信名叫"白龙鱼服"。啥意思?"我是一条龙,穿着鱼皮。"白余抿起嘴,苦涩的脸上露出一丝久违的轻松,"总有一天,我会成为大人物的。"

培养一个干部,改变一个家庭的命运

餐饮业的核心命题,就是怎么能把人带好。贾国龙说,本质上是"带",而不是"管":"人们总觉得人力资源管理有许多技术、技巧,其实西贝没那么多技术和技巧,就是自上而下、真心实意地带你的员工成长,同时也舍得给他设计合适的利益。"

分部总经理王龙龙评价白余、宫佳佳的领导王小华:"整天欢天喜地,甚至疯疯癫癫的,心眼儿好,实诚,很纯。"

王小华手把手教一位外聘店长读财务报表,从中午闭餐讲到半夜2点,这位店长竟还一脸懵懂,但王小华不放弃。后来王小华得知,此人小学二年级复读三次,为何?幼儿园大班一次被老师骂"大笨蛋",从此全班同学总拿他取笑,他爸爸听说了也怪儿子不争气,说他"大笨蛋",从此他特别敏感,最怕别人看低自己。王小华明白,原来是自己的激励方法不对,再也不能说他是"铁树"了,要一点点建立他的信心。

这位外聘店长在社会熏染十几年,又很"油",值班手册上明明是见习店长的字,王小华问谁写的,这位店长抢着说"我写的"。王小华悄悄地让见习店长不要拆穿他。王小华说:"他毕竟是个实在人。生病,本来两个小时的点滴,为了照顾店里,他半个小时打完,手肿了好几天。另外,他老婆不上班,在家带两个正在读书的儿子,一个14岁,一个8岁。一家子的生计都靠他,去哪儿挣西贝这一年20多万呢?"王小华言传身教,一点点也把他带成了A+店长。

王小华支部善用大学生。2017年入职17位大学生,只离开1个。新入职的大学生,在王小华手下三个月可以成为见习店长。有何法门?每次面试大学生,王小华一见面就交心地聊两个小时,忠告对方,一旦走入餐饮业,不容易再选择其他行业,你还是不是铁了心干餐饮?大学生新入职,最关键的是第一个月,先是西贝的"拜师仪式",手把手帮带,然后,王小华派他们到王龙龙分部的各家门店学习,每周再进行一对一复盘。

应届毕业生张弘林来公益西桥店两个月,表现突出,王龙龙分部年会后,王小华想把小伙子调到旧宫店主管客访,和他的师父、公益西桥店店长张冲来一次客访成绩PK。"我有一种闺女长大要嫁人的感觉。"1991年出生的河南漯河姑娘张冲满满的不舍。回到店里,我们一起午餐,张冲、张弘林师徒并肩而坐,张冲左手下意识地挽起徒弟的手臂,右手掏出年会抽奖抽的200元购物卡,悄悄推到张弘林餐具旁。

还有一回,张冲和一位年轻男服务员坐着谈话,谈着谈着,姑娘拉起男孩的手,焦急地对男孩说着什么,好似一位老中医在号脉。原来,这位男孩是张弘林的同学王晨宇,来店里后一直没放开,张冲很着急,怕男孩觉得生分,便一下握住了他的手。"我不能容忍任何一个伙伴在我身边没有成长,不能枉费他们叫我一声'冲姐'。"

张冲,谁见了她,都会被她欢天喜地的乐观和饱满的热情感染。还是单身的她问我:"贾老师,我怎么老有一种提前当妈的感觉?可让他们成为他们想要的,我是多么幸福啊!"

王小华说,带人,最重要一条是"真的为他好"。"带团队,如果你有私心私利,是没有力量的;只有真的为他好,即使你骂他都会理直气壮。其次就是因材施教,让每个人找到工作的成就感,不抹油,自转。"

王小华讲起他们支部一个个活生生的人,一会儿哭,一会儿笑。她说:"我为什么不放弃任何一个人,竭尽所能地去帮他们?因为每个孩子背后都是一个家庭,你改变一个人的命运,就改变了一个家庭。我坚信总有一天会改变的,只是时间长短而已。"

真实往往比正确更有力量

贾国龙说,带人这件事,是需要人带人的。分部总经理的核心任务就是带人。西贝十几个分部总经理,个性一个比一个不一样,每个人都用他自己的个性打动人。王龙龙带兵,一个是"严",一个是"爱"。

2018年春节前,王龙龙分部年会,一位店长上台做年度汇报，他模仿前面一位分享者，正式开场前先讲了一个带点荤腥的段子。可他的段子非但不令人发笑，反而越听越让人起急，荤段子都讲不明白！

"低级趣味，浪费时间！"台下，王龙龙发怒，呵斥道，"讲不了，下台！"台上，这位店长停下段子，抖着把PPT念完。

之后，王龙龙上台正风气："一年365天，分部年会这么重要的场合，这么认真给你们15分钟，是多么瞧得起你们，你应该一字一句推敲再推敲。你们讲这些乌烟瘴气的东西，怎么带队伍？上梁不正下梁能正？这是打硬仗的状态吗？"本来每位汇报者都有一笔奖金，王龙龙当场决定："胆敢在年会上破场的，1分不给，下台吧！"

年会总结时，王龙龙对大家说："我们不要靠那些低俗的东西吸引眼球，玩儿就玩儿高级的东西，要不就别玩儿。不会搞笑就不搞笑嘛，就像人家分部面点导师刘艳一样，认认真真、踏踏实实，就是我做了哪些事，接下来要做哪些事，每一字、每一句都没有半点虚的，千万别流俗，别把自己迷失了。真实才有力量。"

严的背后是爱，没有爱，没法儿严。

2018年西贝新年致辞，贾国龙提出"把利分下去，把爱传出去",也就是"把利实实在在地分到基层,把爱转化成无数个爱的行动传出去"。王龙龙分部2017年营收近4个亿,分部年会奖励了200多人,奖金就发出450万。

2018年3月,王龙龙团队参加完产通天下领导力培训,开展了一项行动:90位干部,每天在群里分享一个爱他人并让他人感受到的行动。

分部凉菜导师赵润分享:"去公益西桥店了解门店香椿莜面工位情况,和档口主管平姨探讨,聊天的过程中找到了她的需求,鼓励她去鉴定三星厨师。我也承诺在本月底前,给她一次鉴定的机会!"

支部经理刘权章分享:"西单汉光店小瑞怀孕,她家住朝阳财富中心店附近。我和小瑞说,工作交接好,后天就去财富中心店报到吧,离你家近,上班也方便。"

分部副总王健分享:"昨天我在朋友圈见财富店董芳芳发'心凉了'的内容,觉得有可能是因为工作,随即联系董,询问后发现是因为脚崴了,门店不理解她不能上班,说了句很伤人的话。我对董进行了安慰,让她好好养身体,好了再工作,然后把消息反馈给了刘权章。刘权章立即派人送去慰问品,关怀备至。董收到了我们的爱和关怀,也感谢刘权章的大力支持!"

王龙龙分享："和财富店店长张勇面对面谈梦想。他说三年内做刘权章支部济宁城市经理，带父母去泰国旅游一次。我说你的梦想清晰具体，一定提前实现！昨天还有王健、朱国强、韩强、李岩、赵越超、三德子、郭富贵，都明确了三年目标、五年梦想、十年规划，每个人都为梦想而活，我助力大家实现梦想！"

还有一位干部分享："我觉得我与父亲的关系应该改变，父亲自从跟妈妈离婚后，十七八年了，我就没再主动联系过，这一直是我心中的一个结。三天的王者特训营培训，加上王总的教导，我学会了一个词，包容。刚才我主动和父亲通了电话，改变从当下开始！"

"这样的行动和分享，坚持180天，半年后，就是15000个爱的行动传出去，会爆发出怎样的力量？"王龙龙说，"西贝是成就人的事业。你的梦想就是成就人。你心中装了多少人，你未来要成就多少人，这是你做一切事情的原动力。"

"唤醒一个是一个!"

我在"西贝品味早读"发现一篇题为《世界因西贝有何不同》的文章,作者是西贝一位普通干部:

> 如果说西贝是一本书,那肯定仅此一本。书的首页,不是华丽的精彩绪论,而是教会你如何成为一个真实、负责任、荣耀承诺的西贝人。
>
> 如果说西贝是一个地方,那么仅此一个,它要带给人们梦想与希望。西贝是中国正餐领跑者,中国因为有了西贝成就了一批奋斗者,世界因为有了西贝而多了一份健康与快乐……
>
> 西贝走过的路就好比是沙漠中的绿洲,是希望,是梦想。

卢伟,安徽蚌埠姑娘,考上高中那年没钱交学费,向家境优越的叔叔、伯伯借1000块钱,只得到一句话:"女孩子早晚要出嫁,念啥高中,去学个裁缝吧!"勉强念到高二寒假,学费真供不上了。大年夜，别人去放花灯，姑娘蒙着被子哭了一宿。她变得自卑，抱怨命运。

卢伟远走他乡，来北京，嫁给一个维吾尔族小伙伊萨克。她要离故乡那个伤心地远远的：要么衣锦还乡，要么客死他乡。

刚来西贝那两年，新疆人伊萨克在西贝颐和园店烤间干烧烤，安徽人卢伟作为"员工家属"，迎宾、收银、看库房，都干过。因为生孩子，卢伟每个岗位都干不长，挣得少。刚怀二胎时，旁人都劝她，你要想活出高质量就不该要这个孩子。

穷，人就会很计较。每到发奖金，卢伟就拉住老公问："发了多少钱？谁谁谁又发了多少？"伊萨克开导媳妇儿："我干多少是我的，别人干多少是别人的，你管别人发多少呢。"冬天到了，卢伟一边清理窗棂格玻璃上的冰碴一边叹气，这样紧巴的日子，什么时候是个头啊……

直到一天，卢伟在《读者》上读到一个故事：天使游历人间，倦了，敲一家灯火辉煌的院子的门。天使说自己很渴、很饿，问能不能给她点吃的，富人将她拒之门外。天使又到穷人家敲门，同样请求，老婆婆把仅有的一碗饭给天使吃了，仅有的一床被给天使盖了。深夜，天使听到老婆婆抽泣，原来是老婆婆家的牛死了。天使回到天上问父亲，富人为富不仁，你为什么不让富人家的牛死，而让善良的穷人家的牛死？天父说，如果穷人家的牛不死,老婆婆就得死,你希望让老婆婆死,还是让牛死而穷人家的生活继续?

原来还可以这样想问题!卢伟第一次领悟到什么叫"转变思维"。

真正让卢伟转变思维的是一堂课。西贝肯砸钱在学习上是出了名的。2017年43亿营收,光自上而下的学习培训费用大数就花了1个亿。贾国龙学了觉得好的,一拨拨推荐各级干部员工去上课。"吸引力法则"课上,这些话让卢伟醍醐灌顶:

"你生命里发生的一切都是由你吸引而来的。"

"感恩什么就会得到更多什么,感恩越多,得到越多。"

"所有成功的人都发现了这个秘密,而普通人只有在找对象时才用:成功取决于对事物所倾注的关注力和意图的纯度和强度。"

这些年,吸引力法则在卢伟身上应验了。卢伟从一个自怨自艾的小姑娘,变成了一个很干练、透着自信的管理者。她现在是张慧琴分部训练部高级经理,给基层员工讲课,运营、品牌、JIT(准时制生产方式)、食品安全、安全保全,都讲得头头是道。她还承担人员鉴定工作,负责星级员工、训导师、部长的晋升和赋能。伊萨克呢,晋升为张慧琴分部烧烤导师,两口子加一起年薪40万,在固安英国宫买了一套140平米的大房子,和3个孩子、卢伟父母,7口人住在一起。卢伟说起自己的梦想,十年后,一家人的财务肯定是自由的,另一个目标,自己要成为一名能点燃更多人梦想的管理者、导师。

对一个人来说,比挣上钱更深远的成长,是心性的成长。来西贝前,首席体验官马燕曾供职于一家本土知名广告公司。马燕说,从专业能力上,她在这两家公司都得到很多,但在心灵成长方面,西贝要占90%:"在西贝我学会了'爱''包容''给人机会''拥抱''正能量',剪掉了自己过去身上的'自私''批判打击''看不起''看他人之短'……"

对卢伟而言,是什么东西真正激发了她?也没有那么高大上的理论,都是具体的一件件事。

2011年,卢伟剖宫产生下老二,生活拮据。孩子刚满月,卢伟就跟张慧琴申请要来上班。第二天,张慧琴率管理团队,带着5000元"西贝爱心互助金"送到卢伟家,让她安心休养。卢伟说:"困难时有人帮你一把,真叫雪中送炭。"

为了员工能穿上一双舒适的工鞋,总裁贾国慧落实,不停地给员工换、换、换。

西贝菜品"不好吃不要钱",还规定总营收1%~2%的退菜率,顾客退菜,从不让员工赔,而是一起找真因帮他成长。

西贝鼓励每一个干部、员工都说出自己的三年梦想、十年梦想。因为梦想是一个人最大的资源,每个人都值得拥有。在西贝的平台上,每个人梦想的实现才是目的。

如今,卢伟每年都会为西贝爱心互助金捐1200元,还四次找到身为画家、书法家的西贝老顾客,请他们为西贝爱心互助金挥墨创作,义卖出几十万元。前一阵,卢伟一个老家同学在农村搞大棚,遇到跨不过去的坎儿,平生第一次张口向老同学借钱,很多人一口回绝。卢伟站出来说,不,如果我们这样回绝他,他的生命可能从此一蹶不振,哪怕我们每个人筹一点钱,也要为他添一份心力,至少能帮他重树对生活的信心。

卢伟父亲被查出胃癌,卢伟相信吸引力法则可以再次应验:"只有我们的观点和事物是乐观的,我们才能吸引来好的事物、人和环境。"她相信在家人共同努力下,爸爸可以创造奇迹。她买来悉达多·穆克吉的名作《众病之王:癌症传》细心研读,了解到不良饮食习惯可能增加罹癌风险。她意识到,每次妈妈从安徽老家背回来的几块钱一大包的调料,炒菜的确好吃,可那或许就是致癌风险之一。这之后,每次卢伟都不让妈妈放,因为西贝炒菜从不放鸡精、味精、香精。

"贾老师,你见过没有,癌症病人离世时,全身长满了癌细胞,你摸他的身体就像在摸核桃,从五脏六腑开始腐坏,直到最后腐烂。"

卢伟决心回老家做一件事,给邻居大叔、大婶们,当着老家村支书的面呼吁:乡亲们,炒菜时不能再放那么多劣质调料了!然后自己掏钱,给每家每户送一桶健康的食用油。

"我一定要做这件事。"卢伟说,声音温和而坚定,"唤醒一个是一个。"

几件事,颠覆了他对餐饮业的认识

蔡鸿一个人来北京打工,实属被逼无奈。大学毕业两年间,蔡鸿接班父亲,在临河开家具商场,刚开始很挣钱,不料很快栽了跟头,背了30多万元的债。为还债,儿子背井离乡,妈妈把一整套新床单、被罩塞进蔡鸿的行囊,妈妈能做的就这么多了。

火车开了,蔡鸿落泪,大学里打过几份工,哪干过服务员?他从小要当老板,万万没想到要来西贝"伺候人"。

正难过,电话响了,支部经理魏通:"蔡鸿,你到了北京西站,出站口人太多,别乱动,我派人接你回宿舍。"

蔡鸿原以为餐饮宿舍乱得像猪窝,破破烂烂,乌烟瘴气,连下脚的地方都没有。可一进屋,床单、被罩、枕套,满眼淡蓝色的大嘴猴套装，真利索！魏通亲手给蔡鸿铺的床，"豆腐块"很有型，卫生间干干净净，比家里还整齐！妈，你放心吧，新床单就留在行囊里吧。

蔡鸿刚来没几天，"啪"，一个传菜员不小心把一盘羊肉串摔了，魏通和店长郑涛跑过来，没一句责怪，反而问扎到脚没有，让他别用手捡。店里有人离职，不论什么原因，最后一天店长一定出面请离职员工吃顿饭。这让蔡鸿觉得很有人情味。几件事颠覆了蔡鸿对餐饮的认识，西贝——巴盟（临河）人的骄傲，他有那么一点感觉了，也主动在朋友圈上说自己来西贝上班了。"在西贝也可以当老板啊。"蔡鸿想。

蔡鸿刚做见习店长时带不住人，那阵儿，夜里12点，蔡鸿都会接到魏通从家里厨房打来的每日工作复盘电话，一聊一个钟头。

通过发展人来发展企业，正是西贝的事业。贾国龙听了蔡鸿的故事，触动很大，2016年一季度会上奖励给魏通5万块钱。

从苦命青年到支部老板

魏通生在宁夏中卫，3岁父亲去世，母亲改嫁到临河，家里兄弟姐妹多。中专毕业，他早早出来要给家里减轻负担。

2004年，魏通18岁到北京时可没人接。家里凑的800块钱，一下火车就被中介没收300，送去菜户营附近一个地方包装盗版光碟，喝水、洗澡全是凉水，住铁皮棚子，一下雨，铁皮屋顶被雨点打得乒乒乓乓地响。在房山一家造纸厂打了3个月的工，上学时省吃俭用落下的胃病犯了，整夜片刻不得安睡，多亏药店的好心老头赊药给他，挨过一个个难熬的夜晚。最心酸的一幕是前门献血。因为无知，听说自己胃疼可能是得了胃癌，而献血可以免费检查身体，为证明自己没得胃癌，魏通凌晨4点爬起床，一趟趟换乘公交，阎村、燕山、良乡、前门，上了献血大巴已是早上8点，"失血"400毫升后，魏通站起来眼冒金星，走路打晃儿，差点一头栽下献血大巴……

在西贝，魏通"师从"李凤兰。魏通说："有天早上李老师突然拿来4双袜子，'刘项你两双，魏通你两双'，小到点点滴滴，大到规划你的职业生涯，帮你买房，特别操心。"

魏通曾三次想离开西贝。

头一次是2007年。李凤兰到定慧桥店初当店长，魏通跟着李凤兰，感觉压力太大，要回老家。李凤兰买了两张软卧，在北京到临河的火车上和魏通聊了一夜。那是魏通第一次坐卧铺。他留了下来。

第二次是2013年。本来给魏通报名去深圳上刘一秒的课，两天两万，没想到魏通之前到上海参加了一次互联网创业大赛，误打误撞进了15强，那几天魏通正要参加决赛。李凤兰把深圳的课退了，说，去闯闯吧。"西贝人真的不小气。"魏通说。

第三次是2014年。魏通刚结婚，刚当店长，摆不平婚姻和工作的矛盾，一狠心远走河南平顶山，跟一个老板开饭店去了。那一次魏通走得很绝情，连个招呼也没打，音信全无。几个月后，李凤兰意外接到魏通电话：

"李老师你在哪儿呢？我回北京了，我想看看你。"

"好好好，咱们晚上毡房见。"

当晚，魏通买了一束花，心情很复杂地掀开毡房蒙古包的帘子，眼前的一幕让他差点哭出来。李凤兰、刘项、赵小丽、王君，全来了，一桌子临河老家菜，那是他最熟悉的，世界上最香的味道：功夫鱼、羊肉烩菜、猪肉烩酸菜、油黄瓜、烂腌菜、焖面……

魏通带人、做生意，得了李凤兰真传。

店长郑涛长年鼻炎，鼻涕流起来不停，有碍形象。魏通每次去日本都给郑涛带鼻炎药，药片的、喷剂的。看郑涛腰带旧了，马上京东下单一条七匹狼，169元。我问魏通，你自己腰上的？99元。"他（魏通）一来店我就'愁得慌'。"郑涛说，"哪个员工脸色不好，谁脸上起痘痘了、没涂口红、手皴了，他都要问问怎么回事。"

魏通支部的北京阜成门店，在2017年西贝赛场一次取得全国总成绩第一，两次华北总成绩第一。我去过这家店，所在的华联商厦是个老商场，主卖服装，客流本来就稀，西贝在三层，下滚梯要穿过200多米的弯曲巷子才能到店，客人抱怨进商场半天找不到西贝，2016年一开业就成了亏损的"抱腿店"。阜成门店怎么翻的身？魏通、郑涛真有一手绝活儿。

商场物业是老北京，"好面儿"，不能有事才求人，没事的时候就要"营销"——建立并深化关系。靠什么？光喝酒吹牛可不行。商厦微信群里说个啥事，店长郑涛一定第一时间响应，第一时间办好。一般商家巴不得你检查完赶紧走，郑涛则会留下人家："哥，行吗？怎么再改改？"一来二去，慢慢"老北京"开始给郑涛指路，大楼墙体、停车场、电梯口、商场地面主要动线，都贴上了西贝的LOGO、路标。

进了商场也难找怎么办？让商场每一个工作人员都成为西贝的迎宾员。各楼层商家导购员，停车场和卫生间的保安、保洁，人人发西贝餐券，叫回一个客人吃饭，返几块钱，团结一切可以团结的力量，"天罗地网"建盟军。后来餐券不能随便发，就给"邻居们"送黄馍馍、白兰瓜，结果是只要客人问西贝，肯定有人给你热心指路。

"送只黄馍馍、白兰瓜有什么难的，别家商户不会学？"我问郑涛。

"学不会，因为真诚是很难学的。"

郑涛说，人，最需要的是尊重。

魏通在西贝受到重用，但感情之路一直很苦。2011年在石家庄，一个女孩追求魏通，恋爱后不久，魏通遭遇"劈腿"。"那个孩子就不是你的人，你驾驭不了她。"李凤兰一句劝，气得魏通出走，剃了光头，回来把1000块钱的联想手机也摔了。李凤兰怕他想不开，第二天花了1400块钱买了部诺基亚送他。

后来，魏通结了婚，婚后发现两家不是一路人，几年里他被折腾得够呛。魏通为情所困，但作为支部老大，伙伴"后院起火"，他还要劝别人。一回，有位店长和店里做收银的媳妇儿吵得很凶，深夜12点开完店里复盘会，"过来人"魏通陪这位店长沿着北京的马路，一路走啊走啊走。那是个下雪的冬夜，偌大的北京城那么静，两个大男人走进一家24小时营业的"好邻居"便利店，一人一瓶100毫升牛栏山"小二"，一袋花生米，聊到凌晨3点。年轻人的恋爱、婚姻真是个大问题，西贝大学真应该好好开一门课，关注千万人的难言之痛。

2017年倒数第三天，魏通离婚。他刚动过甲状腺乳头癌手术，幸运的是，他的这种病治愈率96%，定期复查就没有问题。

狗年春节，魏通多少年第一次回老家过年。来西贝14年，魏通有过哭，有过笑，有过欣喜，有过绝望，从一个差点一头栽倒在北京街头的苦命青年，变成了一位拥有好几家生意红火的西贝门店股份的支部经理。

西贝的使命是"创造喜悦人生"，魏通自己的人生召唤是"人们在爱中创造喜悦人生"。

感情给魏通留下了心伤。他的伤会好吗？

会。

当然会！

用"土办法"激发员工的善意

甘肃汉子王君,婚姻不和,背井离乡,跟表弟到黑龙江开烧烤店。到了齐齐哈尔,一串羊肉串没烤就被拉去"上课",身上6000元全部被没收,吃饭、上厕所全被盯着。身陷传销老巢,他失去了人身自由。

王君在老家搞过装修,懂电。半夜,王君起身悄悄把身旁插座上两根线一碰,一短路,空调停了。那是2004年盛夏,20平米的房子圈了16个人,热得没法儿睡。王君自告奋勇:"我会电。"被传销头目跟着到屋外修电。王君一修,电来了,又故意弄断,跟头目说:"你在里面守着,等电稳定了你就叫我。"王君继续专心弄电,来来回回,亮了又灭。等头目在屋里放松了警惕,王君撒腿就跑,60里路,多亏有月光照亮,从明月岛夺命狂奔到齐齐哈尔火车站,跑到天蒙蒙亮,白球鞋都跑烂了,王君脱险。

身无分文,王君在火车站熬了两天,想过死。装哑巴讨吃,讨来两元硬币,王君终于在公共电话亭,拨通了在北京西贝洗碗的姨妈的电话。姨妈打来150块救命钱,王君来到北京。时任西贝西翠路店店长的田朝胜上下打量这个落魄的大胡子："留下吧，撤餐。"王君心花怒放，有活路了，他要活得像个人样。

这个工作来之不易，得好好干。二楼18个包间，几十张散台，一筐餐具30多斤，王君真卖力，每天把3筐客人用过的餐具摞一起，抬着100斤"操家疙蛋"下楼，空了就帮服务员擦杯子、倒垃圾。一晚撤完餐，服务员小姑娘在包房给王君留了一杯热腾腾的蒙古奶茶，那是王君这辈子喝的第一口奶茶，真香。

王君在西贝因管理宿舍出名，曾因此获"西贝总裁特别奖"。你别小看这个活儿，让所有员工每天晚上准时回宿舍，睡个好觉，有几家餐饮门店能做到？多年前西贝有个小伙子刷夜上网，夜里饿急了，夺走身边小女孩10块钱，正撞上社会上"严打"，一判3年。为此上海支部经理丁恒专门发明"丁丁办法"，每个宿舍安排专人，每天夜里12点谁没回来，丁恒打电话一个个去找。

王君有何高招？有个叫刘月萍的女孩每天半夜才和男友泡网吧回来。零点，王君查寝完毕，披了件蓝色大衣，带着个厚垫子，坐在海军干休所宿舍门口，死等。那是一个腊月的夜晚，雪筛子似的下，夜里2点半，刘月萍出现了，远远看见王君一动不动地冻在风雪中，鼻子一酸："王哥，我以后再也不这么晚回来了！"刚要哭出声来，王君赶紧捂她的嘴："不能哭，小声点儿，不然物业就投诉咱们啦。"

被人真心叫一声"王哥"，是要付出代价的。九十九顶毡房全是蒙古包，没院墙，王君规定夜勤夜里把蒙古包挨个儿巡逻个遍。一天，王君在一个蒙古包内守了个通宵，却也没见到夜保的影子。王君要另想办法。如何激励这份苦差？冬天，王君给夜保送去棉鞋、手套、耳套，先动之以情，再立规矩，规定夜勤每三小时查一遍岗。过去，夜勤半夜遛一圈就洗洗睡了，这次王君夜里上好闹钟，每三小时叫醒自己，然后一个个给夜勤拨电话，弄得自己有一阵老头晕。毡房总经理李凤兰说："有了王君，我李凤兰就可以睡个安稳觉。"

管理学家德鲁克说："管理者天天都要面对不完美的人，面对人性中的善，人性中的恶，人的潜能、长处和弱点。而管理者要做的就是激发善意，激发和释放人本身固有的潜能。"更重要的是后面这句话："但你不可能真正激发一个人，你只能给到他一个理由，让他来激发自己。"

雪夜苦等员工、守在蒙古包查夜保，王君这些办法都"很土""很笨"，但都很有效，其法门不正在于"激发善意"，"给对方一个理由，让他激发自己"？

那么，王君本人又是如何被激发的？

2012年12月，王君回乡探望患白血病的弟弟。临走，分部总经理李凤兰捎给王君1万块钱，嘱咐他一定要把弟弟带到北京来，西贝给联系最好的医院治疗。王君回家第五天，弟弟离世，李凤兰又打去1万块钱。贾国龙知道了，也打去2万块钱，还给王君发了一条短信："替我给弟弟烧张纸。"

2017年夏天，王君接到上海闵行区派出所电话，让王君后天一早来上海接儿子。王君蒙了，天天教育西贝人积极向上，自己儿子怎么进了派出所？原来，王君儿子大学毕业，刚被东方航空总部录取，假期和女友去四川旅游，吵了一场大架。年轻人一时冲动，要轻生，被送进派出所。王君跟李凤兰请假："李董，我明天走，坐高铁去上海。"李凤兰二话没说，给王君订了当晚飞上海的机票："今晚就走，来回机票报销，到上海好好登记上个宾馆，把孩子接那儿住一住，好好聊一聊，不行来西贝让他管安防。"后来，王君儿子很上进，现在在上海东方航空工作得挺出息。

好领导：从"警察"到"教练"

管理的本质在于激发善意，作为宿舍管理员的王君因此备受欢迎。可2015年升任李凤兰分部食品安全经理后，当了"官儿"，王君却"差点嗝儿屁"。

食品安全大如天，王君又是鸡蛋里挑骨头的性格，一发现问题，王君就拍照发到群里曝光，分部总经理李凤兰看见了就噼里啪啦开骂，当事人也灰头土脸。王君一旦发现过期食品，相关责任人当月奖金为零。结果，王君每次到门店，伙伴就互相使眼色："警察"来啦。当"警察"巡查的结果？没结果。当年10月，9家门店有6家食品原料没有按照保质期先后顺序使用。王君有"诗"为证：

下店巡查，犹如瘟神；爱理不理，自我陶醉。

横拍狂扫，曝光表功；久而久之，麻痹不理。

过期食品，绩效为零；集体抗拒，差点嗝屁。

百思其解，郁闷崩溃；要死要变，二者选一。

西贝首席运营官张慧有句名言："企业管理就是问题管理。拿罚款当真理，傻×都能搞管理。"王君怎么变？从"警察"到"教练"，完善食品安全管理制度，携手门店食品安全系统对接每日工作，现场有效培训与帮带。王君有"诗"为证：

> 进店帮带，笑脸相迎；主动参与，虚心学习。
>
> 提出问题，喜悦接收；论人论事，逐一改善。
>
> 一起生发，采取措施；文字签收，督促复查。
>
> 勤查勤改，确保无患；跟踪复查，完全彻底。

一天中午，我和王君在西贝五道口店吃饭。王君发现一名工匠厨师的抹布是干的，没消毒，就走到这位工匠厨师身边，请他自己拍一张照片发到群里，自己分享西贝抹布使用标准是什么，自己在今天工作中发生了什么，真因是什么，如何改善，最后加一句，"下次绝不再犯"。李凤兰和伙伴们看见了，没有一句指责，反而接龙点赞。

管理之难，难在管理是日积月累的反复实践，难在管理是要持续盯住过程要结果。所谓"从警察到教练"，就是从盯结果到盯过程，从追责任到追问题，从"重管控"到"重赋能"。

王君从东北"逃生"到西贝已有14年,他的经验是"干一行,爱一行","只有真正用心干,才能在工作中得到乐趣",或者说,"只要真正用心干,就能在工作中取得成果"。

2017年底,王君给老父亲发微信:"我的目标,三年之内,年薪达到50万。"

老父亲回复:"好,那才算脱贫,加油!"

西贝的愿景是"全球每一个城市,每一条街,都开有西贝。一顿好饭,随时随地;因为西贝,人生喜悦"。王君告诉我,他的十年梦想,是成为"大西贝"餐饮集团的食品安全总裁。

"这是我爸爸!"

有人把中国餐饮企业分为几派:以海底捞为代表的服务战略,以外婆家为代表的性价比战略,还有就是产品战略,代表企业是西贝。

西贝的战略,简单说就是"好吃战略"。西贝用六个"非常"定义极致顾客体验：非常热情！非常干净！非常快！关于"好吃"则连用三个"非常"：非常非常非常好吃！贾国龙相信，只有好吃才有叫客能力。什么叫好吃？就是对顾客承诺："闭着眼睛点，道道都好吃，不好吃不要钱。"2018年西贝菜单上，有几道年销售过亿的大单品：羊肉串，3.6亿；西贝面筋，3亿；浇汁莜面，1.5亿。新推出的蒙古牛大骨一道菜，2019年要冲刺10个亿。

菜是人做的。每道菜都有自己的灵魂，每个工匠厨师都有自己的故事。西贝2万员工，有一支近1万人的工匠厨师队伍。这支队伍，是如何保证"闭着眼睛点，道道都好吃"的？他们每天干什么？吃什么？想什么？他们是一群什么样的人？

王强，内蒙古乌拉特前旗人，西贝周昕分部烧烤总导师，负责华东地区60多家西贝门店的羊肉串、烤羊排等菜品。2015年，上海顾客常常投诉西贝羊肉串老、干、柴，王强心理压力很大。

标部总导师张慧带全国烧烤总导师吴俊义来上海赋能，发现厨房出了问题：干部对手下一是罚，二是吼，据说还有厨师长一脚把员工踹下楼梯。张慧定下赋能主题：心的力量。

王强没感觉，扯什么"心的力量是沸腾的源泉"，能减少羊肉串差评吗？赋能后，王强到草原做草原羊质检员的培训。

培训完，吴俊义给王强放了假："你顺道回趟老家吧。"

王强两口子都在上海西贝打拼，一年回内蒙古老家待不了几天，不到4岁的儿子跟着奶奶在老家过。回老家第一天，儿子见了爹，生分。第二天起，儿子就黏着王强，爸爸走到哪儿跟到哪儿，上厕所也跟着，见了村里亲戚邻居，儿子就拽着王强袖口，逢人便说：

"这是我爸爸！这是我爸爸！"

奶奶告诉王强，平时王强两个妹妹带自己孩子回家，人家都喊自己的爸爸妈妈，王强儿子也跟着叫"爸爸、妈妈"，王强妹妹的小孩不准他叫，王强儿子就哭。王强听了，心里难受，抱起儿子亲了两口。

回上海。儿子抱着爸爸的腿不撒手，哭。到巴彦淖尔机场，王强给奶奶打电话，儿子还在哭："爸爸妈妈不要我了……"

王强内心翻江倒海。

多年来，王强每月给奶奶打3000块钱，就算尽了父亲的责任。这趟回老家，王强体会到了"内心沸腾的源泉"。他要改变。

德鲁克说，领导力就是把一个人的精神境界提到前所未有的高度，把一个人的责任心提到前所未有的高度，然后才能把一个人的潜力、持续创新动力开发出来，让他做出他自己以前想都不敢想的那种成就。

"让人充满力量、充满爱地生活"，王强找到了自己的人生召唤。回到上海，他公开承诺，1年内完成两件事：一、把羊肉串差评降到全国最低；二、把儿子接到自己身边。

厨房多师徒。过去徒弟不听话，王强觉得就得"揍他"，王强要变，变成一位"教练"，从早到晚，与门店伙伴并肩，引导员工自己发现问题，解决问题：羊肉串老、干、柴，是冷冻设备老化，温度降不下来，还是羊肉串从冰柜里拿出解冻时间不够？还是烧烤前抹的那层木瓜汁，木瓜没熟透？还有，串羊肉串的师傅每天早上要串2000串羊肉串，一个人忙不过来，而其他伙伴烤羊腿的烤羊腿，烤鱼的烤鱼，缺乏协作。王强带着大家理流程，打样，每周对门店烧烤主管培训、复盘。另外，从人入手，徒弟过生日，王强会挑个小礼物，刮胡刀、腰带、T恤。

"那时我才发现，关爱、认可确实重要，过去我不认可他们，他们有想法也不说。被认可后，他们的想法就特别多，干事就特别有激情。"

分部领导周昕、孟德飞为王强团队设计了积分奖励，工作中有创新点，每周菜品差评率有下降，及时奖励。过去王强仪容仪表不讲究，本来就是黑脸汉子，更显得邋遢，张慧让王强每天一早给他发一张自拍照，鞭策王强有一个新面貌。

不到一年，华东周昕分部羊肉串差评从28%降到6%，日均销售10万串，烧烤占比近30%。王强团队建议的烤羊肉串料包、烧羊棒料包、煮羊排料包，后经公司标部定标后推广到全国。王强也成为华东地区收入最高的分部导师。

儿子王嘉诚，今年8岁了，每天晚上无论多晚，都等王强回来，搂着爸爸一起睡。

30年，头一次说出"妈，我爱你"

炖菜总导师梁飞到一线赋能，发现张慧琴分部一个叫李大云的分部炖菜总导师状态极差：

一、失眠，酗酒，每天深夜两三点，不来一瓶500毫升的牛栏山二锅头就睡不了觉。

二、右腿股骨头坏死，一米六四的身高，170斤体重，走路针扎一样疼，走路、干活儿都"掉队"，也不去看病。

三、快30岁的人，也不找对象。自闭，谁都很难走进他心里。"平时骂徒弟吗？""不骂，打！"

"大云这种状态我们怎么帮他啊？"分部老大张慧琴犯愁。梁飞更直接："李大云这样下去，别说会被西贝淘汰，他整个人就完蛋了，彻底废了。"

梁飞找李大云谈心，了解到他的身世。原来李大云是个抱养儿，生父年过五十得了大云，穷，一个冬日，把摇篮里的大云丢在临河陕坝太阳庙544大队一条河桥下，转身离别。卖豆腐的养父听到哭声，把大云抱回家。养父有4个女儿，因此特别疼大云。大云10岁时，养父去世，养母一人拉扯着大云和4个姐姐长大，多少艰辛难以想象。大云恨妈妈："只要我干一点错事她就揍我，鸡毛掸子把身上抽得青一块紫一块，我心想别等我长大了，长大了我肯定不管你。"16岁来西贝，有近10年不和家里联系。

得知李大云的故事，梁飞让大云给妈妈打电话，说一声"我爱你"。"不打这个电话，你就别进厨房！"李大云没打，说打不通，梁飞一定要他打，当面打。终于，电话通了。

大云："妈，这么多年你辛苦了，把我拉扯大不容易……"

妈妈蒙："孩子你今天咋了，为啥说这些……"

大云："这么多年，感觉亏欠你挺多的……"

妈妈："妈那会儿其实对你也不好……"

30年，大云第一次说出："妈，我爱你。"

哗,两行热泪洗过大云面颊。

爱,是西贝核心价值观的第一条。西贝的文化精髓是爱。
管理的最高境界,是"度"人。

大云有了自己的人生召唤:"人们感受到爱,拥有健康的身体,人生喜悦。"

张慧琴、梁飞找关系、借钱,让大云治病,同时戒酒、减肥。我见他时,他瘦了20斤,能睡好,走路稍瘸但不再"掉队"。他现在主动与伙伴沟通:"今天这个师傅心情不好了,是什么原因?我能帮你解决什么?你解决了他的心病,他干起来才顺畅。不解决一个人的心病,很多事就浮在表面上,落不下去。"

毛泽东有一篇《关心群众生活,注意工作方法》,讲得很准:"就得和群众在一起,就得去发动群众的积极性,就得关心群众的痛痒,就得真心实意地为群众谋利益,解决群众的生产和生活的问题,盐的问题,米的问题,房子的问题,衣的问题,生小孩子的问题,解决群众的一切问题。"

"只有由心而发才有自驱力。"梁飞说。梁飞上产通天下的领导力课,老师做的第一件事就是引导每个人找自己的人生召唤。生命中最触动梁飞的有两个瞬间:一是女儿第一次叫

"爸爸"，另一个是2007年父亲去世。父亲走的时候，梁飞亲手给他戴上1000多块钱的金戒指。梁飞说："爸爸活着时，我们连双几百块的皮鞋也没给买，买不起。我们奋斗的动力，就是要让身边人感受到幸福人生。"

多年前，李大云有过女朋友，分了，因为谈到结婚，女方家要这个，要那个，李大云没有。从此他不再找女朋友，对女人多少有了成见，认为女人是个累赘。1986年出生的李大云，今年33了，祝他早日找到幸福。

"熬鹰先生"的老板梦

赵力功，西贝七星大厨，凉菜总导师。西贝面筋、果蔬大拌菜、油泼香椿莜面的产品经理。加入西贝24年，其中有两个关键的改变之年。

第一个改变之年，2015年：从大厨到教练。

赵力功一米八的个头，200斤，以工作严厉、爱训人著称，人称"熬鹰先生"，不善言辞，但这篇《改变的力量——我的成长》写得真切：

"过去的我在推行标准的过程中，让师傅们必须听话照办，在巡店时，一发现问题或没有按照标准做，不问原因就把师傅、导师训一顿，公司中我这个臭毛病也是出了名的。这个毛病造成华东凉菜导师李永刚听到我去时就开始紧张、发抖。这时你就是再怎么给他培训、赋能，他能吸收多少呢？同时，在华南郭晓东、华北刘校楠身上，都能看到我的影子。他们与门店师傅的关系，和我与李永刚的关系不是一样的吗？这样员工就喜悦吗？这样标准能贯彻下去吗？难道这真是我想要的结果吗？

"这时，公司组织领导力课程培训，使我找到了训人的内在原因：一、怕担责任；二、证明我行，他们不行。结果成就了自己，却没有成就员工。员工们没有成就感，郁闷的执行中怎么能有创造呢？此时，我感觉到我这个毛病的危害之大，如不改变，就将成为害群之马。所以，我要改变，我要成长！如果我自己都不改变，怎么去影响别人？

"几场对导师的赋能，让我印象最深的就是华东李永刚，过程中他总是在应付我，一触到他的内心深处，他就绕开了。四天，我始终走不进他的内心，我开始烦躁，想，算了，放弃吧，不行复训吧。但是看到另一名厨师郝廷的转变，想到我的人生召唤'人们生活在爱中，创造喜悦人生'，我就不信我打动不了他。于是我就静下来从头到尾又梳理一遍，找到了原因，是我心扉敞开得不够，后来就顺了。终于，在第五天凌晨3点，我走进了李永刚的内心。

"这次教练过程，也是我自己学习和认识的过程。把我的徒弟变成我的伙伴，尊重我的伙伴，真心对待我的伙伴，抛开自己固有的经验、思维，用全新的精益思想武装自己。不只是关心他们的工作，更要走进他们的内心世界，让他们接纳我，愿意与我心与心地沟通。

"与伙伴建立了全新的关系之后，针对本季度菜品提升，以及品鉴会后新菜品标准制定的工作，我都把全国导师集结过来，过程中引导、激励、尊重他们每一个人的建议，共同制定菜品标准，做到了标准的准确、接地气。"

第二个改变之年，2018年：从大厨到产品老板。

2017年底，贾国龙召集分部老大和标部导师开菜品研发创新讨论会。贾国龙问一位导师："你现在年收入多少？"

"60万。"

"你想不想收入10年翻10倍，到2026年，年收入600万？"

还真没想过，不敢想。

贾国龙有个观点，在西贝组织里，人一当老板就绽放了，所以真正的成就人是树更多的老板。标部导师要打开收入边界，就得转型为产品老板，即"创造性地将产品变成高价值商品的第一负责人"。每位标部导师建立菜库，对菜品从原料、生产、设备、工艺、工匠师傅培训考核、给顾客理想的呈现，直至最终销售结果的全链条负责，西贝13个创业分部就是标部导师们的内部顾客，分部老大有权选菜。到时，标部导师就不是按级别领工资，而是按市场表现取酬。标部导师与分部老大一起挣钱，一起分钱。

此前，贾国龙受到周昕创业分部总厨孟德飞的触动。张忠其、李刚，这些从厨房走出来的孟德飞的师弟，都成立了自己的创业分部，成为老板。而周昕创业分部虽大，孟德飞收益也颇丰，但他不甘心一辈子做"千年老二"，也想出来试一把，当老板。贾国龙说："既然孟德飞感到不平衡，其他导师有没有？有才是正常的。西贝要为你们打开各种可能性。导师们如果不做分部老大，还有没有突破空间？"另外，"之前标部导师更多靠责任心工作，没能形成一个价值创造、价值评估、价值分配的闭环，只有换成一种内部市场化关系，西贝菜单才会冒出更多给力大菜。"

会后，贾国龙拨给7位"产品老板"每人100万经费，2018年5月西贝30周年前，西贝菜单上要有几道大菜。赵力功领命，可过了一个月还没找到感觉。他向标部总导师张慧

"求助"。

张慧问赵力功:"老板给每个人拨了100万经费,你花了多少?"

"5万。"

"为什么才花5万?"

"怕花了钱弄不回好菜。"

"老板意图是什么?是怕花钱,还是怕弄不回好菜?"

"怕弄不回好菜。"

"老板的意图是要弄回好菜,而你的意图是怕花钱。"

赵力功脸一红。

张慧接着说:"你的工作就是把凉菜从原料到工艺、销售打通。你现在的瓶颈是什么?缺乏创造力。就是你这颗头里有坑了,你得借颗头了,5万块钱一颗头,10万块钱一颗头,你行动了吗?另外,你的徒弟、助理,你用上了吗?你认为他们没有想法吗?明知自己已经枯竭,你还不利用组织的力量吗?"

"我懂了,我懂了。"赵力功操着一口乌兰察布口音,感谢"慧哥"。

赵力功人生第一次"做生意"是在1993年。从学校毕业,赵力功买了一台烤箱做糕点,糕点街边摆着,人却躲得远远的，羞于和顾客说话。他是个腼腆的人。20多年后，赵力功重燃"老板梦"，要成为"产品老板"，先给自己定个小目标，2018年西贝面筋销售再创新高，超过羊肉串成为西贝第一大"立功菜"！

西贝羊肉品质是如何保障的？

像吴俊义一样"吃"过，更准确地说，"糟蹋"过这么多羊的，全中国可能盖无第二人。

西贝人爱叫吴俊义"吴老"。吴老在西贝以"死磕"闻名。吴老名言："西贝没有什么绝招，就是玩命。""只要学不死，就往死里学。"2016年底，两个月时间，光研发"烤全羊"一道菜，吴老团队就吃了不下200只羊。为一块"羊酥皮"够"酥"，付出30头羊的代价。因为种种原因，烤全羊没火，一年才卖1180万，"烤全羊"成了"羊坚强"。

"哪家餐饮企业允许一个厨师这么造？疯了？"吴俊义说。贾国龙爱用一个词：超配。"宁可过一点，不要欠一点，半张火车票到不了北京。"这句话对产品研发也适用。

吴老2000年加入西贝，此前在餐饮业漂泊了7年，换了

30多家餐馆，形形色色的老板都见过，每天不是在追拖欠工资，就是在找下一家。男怕入错行，自己是不是入错行了？人生迷茫时，遇见贾国龙，为其魄力所折服，加入西贝。当时西贝在北京只有一家店，厨房高手如云，吴俊义一个空降兵，插不进脚。是走是留？老板一个举动让他铁了心留下：贾国龙把办公室砸了，给吴老装修成烤间，成立西贝烧烤档口。18年来，吴老死心塌地追随西贝，原因就是西贝不惜代价培养人。

好厨师是"吃"出来的。贾国龙说："不吃遍高级餐厅，舌头能练出来？"在西贝，"吃"没有预算费，实报实销。吴老说，他一个厨师，刚从澳大利亚、新西兰"看"羊回来，6次去日本，每次光吃，两万块人民币打不住，一天几顿米其林是标配。吴老的妈老问："你一个厨子不在厨房好好做饭，怎么成天飞来飞去，满世界跑，那得花掉老板多少钱啊？"

"厨房没好设备，菜品标准化真搞不定。"吴俊义说，2013年西贝还不怎么挣钱，贾国龙派他到德国慕尼黑考察Rational烤箱，那是当时五星级酒店才用的烤箱，一台小的5万，大的7万，西贝每家门店配两台，当年光买设备就花了上千万。"今天西贝烤箱烤出来的羊肉嫩滑，皮酥而脆，肉滑而嫩，好似婴儿的舌头。"

"西贝就是战功论。18年，我们没给老板拜过一次年，有拜年的工夫，还不如花在带徒弟上。"

吴老在西贝成长为六星大厨，全国烧烤总导师。他把妻儿从农村接到北京，儿子在海淀区最好的国际学校念中学，现在加拿大读大学。可让吴老作为男子汉最骄傲的一件事，是2011年花10万块钱在临河磴口县城买了套60平米、南北通透的房子，把老爹老娘从农村接出来，还给上了社保。每当父母和街坊打牌投入得顾不上接吴老二（吴老在家中排行老二）电话时，吴老的幸福感爆棚。

来西贝，就得吃羊肉。西贝羊肉为什么好吃？因为用的是锡林郭勒盟草原羊，吃青草，喝泉水，自然放养。西贝羊肉采购量，中餐第一，2017年集中采购羊50万只，6000吨。从源头上保证西贝草原羊品质，天大的事。吴俊义给我讲了西贝草原羊质检员的故事。

国内羊肉屠宰厂不够发达，行业集中度低，从锡林郭勒到海拉尔，西贝需要从绵延1000多公里的十几家羊肉加工厂采购羊肉，且工人流动性大。每年宰羊季一到，西贝、海底捞、呷哺呷哺、新辣道等餐饮品牌都去草原工厂现场采购羊肉。西贝有何不同之处？为保证质量，西贝每年从门店选拔几十名工匠厨师，作为西贝草原羊质检员去现场，和工人一起工作，选羊肉、盯排酸、分割、包装、急冻、冷冻、储藏。羊棒，一根一根挑；腰子，一个一个过；每一片羊排，每一根羊腿……一盯三个多月，苦。内蒙古大草原，9月就开始飘雪花，每天天刚亮跟工人一起进厂，每天面对"血淋淋的现场"，不出一周，人会莫名其妙地烦躁。

怎样激励分布在1000多公里草原上的几十个兄弟？解决这道难题，西贝真有几手绝活儿。

一是激发梦想。你可能听说过3个石匠的故事。有人问3个石匠在做什么，第一个石匠说："我在养家糊口。"第二个石匠边敲边答："我在做全国最好的石匠活儿。"第三个石匠仰望天空，目光炯炯有神："我在建造一座大教堂。"

"西贝草原羊质检员也一样，就不能把他们当成收羊的，来草原受苦的，他们是来与西贝蓝图链接，实现自己的梦想的。人要乐和了，干出来的活儿比苦哈哈的强多了。"吴俊义说，每晚下班后，这几十位兄弟会在群里写工作分享，然后朗诵一遍《西贝草原羊质检员宣言》：

"心怀人生召唤和企业使命，身处美丽的大草原，肩负西贝好吃战略的重任，实现'闭着眼睛点，道道都好吃'的承诺，践行西贝核心价值观和工匠精神，传播西贝文化，荣耀自己的承诺，创造喜悦人生。西贝因我而精彩，我因西贝而辉煌！"

二是责任落实到"每一个人"。据说明长城每块城砖背后,都刻着砌砖工匠的大名。乔布斯也说过,真正的艺术家会在作品上签上名字。西贝每箱验收好的羊肉箱底,都盖有一方印,印有质检员的名字、手机,还有以分部老大名字命名的所在分部的名字。比如一个质检员来自李凤兰分部,印章上就刻着"李凤兰分部"的大名,谁想给自己老大丢脸?

三是《羊肉采购组家规》,规定草原羊质检员不许酒后上岗,上班不许玩手机、吸烟。更重要的是不许跟工人吹胡子瞪眼,要对工人好。

"出了问题,别和工人吵吵,说两刀把肉割坏了,这只羊我不要就算了。饭点一到,工人们都急着忙完手头的活儿去吃饭,西贝人不会双手插兜,他们会搭把手和工人一起战斗。工人戴的切割手套,一周就发一双,西贝从厂里多要出一副塞给工人;九月九飘雪,西贝人给工人熬一碗姜汤送到手里……说工人不知道货好赖,你信吗?他一摸就知道哪块羊肉好。谁对他好,他就把好东西给谁。"

一群厨子、采购员,和"建教堂的建筑师",和在一件艺术品上签自己名字的艺术家似乎风马牛不相及,但其中的道理都是相通的:管理之道,就是领导者最大限度地激发手下的善意。艾萨克森《史蒂夫·乔布斯传》中,有一个令我印象深刻的故事：一天，乔布斯对Mac电脑工程师抱怨开机启动时间太长了，工程师开始解释，但乔布斯打断了他，问："如果能救人一命，你愿意想办法让启动时间缩短10秒吗？"接着乔布斯走到一块白板前开始演示，如果有500万人使用Mac，而每天开机都要多用10秒钟，加起来每年就要浪费约3亿分钟，相当于100个人的终身寿命。这番话让那位工程师十分震惊，几周过后，乔布斯再来看时，启动时间缩短了28秒。

什么是领导力？德鲁克说，管理者有别于他人的最重要角色，就是他的教育职能——赋予他人愿景和执行能力。只有当员工拥有管理者的愿景，站在管理者的角度看待企业，认为自己的绩效将影响企业的兴衰存亡，他才会承担起达到最高绩效的责任。企业家和管理者都应该想一想，在你做经营管理的过程中，你是在提升自己和你追随者的境界呢，还是在让自己和他们堕落？

"靠骂靠罚搞管理,毛驴都能当经理!"

吴俊义、李大云、王强、赵立功、付国们的故事背后,都绕不开一个人:西贝首席运营官、标部总导师张慧。在我看来,张慧最可贵的一点是,他能透过"菜",关注"人"。

"菜"是"人"做的。西贝菜品标准要落地,好吃战略要贯彻到底,都离不开西贝工匠厨师,离不开一个个"人"。

张慧来之前的西贝厨务系统,上级对下级有罚款、大声谩骂,甚至上手、上脚,师傅们也习惯了,多少年这么过来,简单粗暴、直接有效嘛。张慧来之后,正逢"西贝蓝图"诞生,厨师们要换玩法,尤其是干部,要实践"教练人生"。

究竟,什么是"教练"?张慧说,教练就是"洞察被教练者的心智模式,向内挖掘潜能,向外发现可能性,使学员洞悉自己,以最佳状态创造成果";教练就是"授之以渔,使被教练者持久具备自我心态调整能力,保持良好积极状态"。

什么是西贝干部的"教练人生"?深夜,张慧哗哗哗写出了八条:

1. 心怀人生召唤，消除抱怨，远离害怕，让自己以感恩的心态面对出现的一切。

2. 放下面子、难堪、难受、不爽，表达真实的自我。我们具有无穷的力量。

3. 荣耀自己的承诺，负起责任来，我们就是问题的起因，从此以后我一定要热情地拥抱问题，因为问题能成就自己，成就伙伴。

4. 昨天的我已不复存在，今天的我满满的正能量，浑身热血沸腾，全新的自己会创造无限的可能。

5. 创造全新的关系，伙伴已不再是我的下级，他是我们赛场上的一个队员。我是教练，我要用心呵护他们，要永远鼓舞他们。

6. 真实，表里如一。不为自己创造恐慌的悲剧，我要绽放自己，我要用全身心的爱来迎接今天。

7. 抛开自己固有的经验、固有的思维，要用全新的精益思想武装自己，实现高品质、高效率、低成本。

8. 心的力量之所以伟大，因为心是沸腾的源泉，我们要用心对待我们的伙伴，我们要用心做事。心在哪里，哪里就会绽放出无限的光芒。创造喜悦人生，从教练开始！

简言之,就是"成就员工,绽放自己"。

在我看来,张慧除了业务过硬,有三条领导力表现值得重视。

第一条,管理就是对部下用心。部下跟你走,就是需要你对他负责。

赵立功说:"慧哥懂我们的难处。"大厨们的难处有什么?不善表达,不会写PPT。张慧专门成立导师支持中心,请高学历的年轻人把大厨们的思考"转化"成文字和PPT。另外,张慧一方面要让大厨们思维更活络,一方面也要呵护好他们难能可贵的那份犟和倔的工匠精神。张慧深知每位大厨的脾气秉性,懂得发挥每个人的长处,也知道每个人"卡"在哪儿,工作、生活中的"心病"是什么。要解他们的"心病"。

张慧说,用脑,只能1+1=2,用脑加用心,才能1+1>3。他还写了一首诗:

今天不走心,明日无成就。

今日无成就,明天必亡心。

事事都走心,人人都成功。

台上十分钟,背后十年功。

人事都必然，哪有侥幸成。

第二条，张慧敢斗，敢碰硬。

对一个人，同情，但绝不同病相怜。像前文中宋建这样难惹的"北京大爷"，开会不来，贾国龙问："人呢？"张慧："死了，那个球昨晚上喝酒喝多了，喝死了。"宋建一来会场，张慧捏着宋建耳朵扭送到贾国龙身边，绝不含糊。当然，一切都是出于爱。

第三条，在一个地方发现的问题，一定要引导那个地方的人自己去发现问题、解决问题。他一解决，你再一奖励，他就有成就感，良性循环。

西贝华南央厨有家供应商，有段时间食品安全卫生指标总超标，西贝食安部门多次出方案改进，效果不佳。张慧去了，对这家供应商说："我们不管，你把你的员工全叫上，自己弄，改进好，西贝提供你更新设备的借款。"结果，工人们发现，厂房角落里有一溜地下钢槽子，多年不打扫，垃圾成堆，霉菌滋生，最终工人们把槽撬开，先用两支棍子，"咔咔咔"掏出脏东西，再用清洁剂清洗干净。问题解决。

"这才叫精益。你不仅雇用员工的双手，还要雇用员工的大脑。即使我知道答案也不说，你们提方案，我再指点。"为什么？张慧说过一句话："管理者事必躬亲，是对下属的不尊重。"

张慧还有许多"名言"，比如：

"生意不好，是生意好的时候造成的。"

"企业管理就是问题管理，企业如果没问题，就是死企业。问题背后都是金子，只有把问题解决掉，金子才会出现。"

"不理性，没路子；不感性，没动力。"

"拿罚款当真理，傻×都能搞管理。靠吼搞管理，毛驴都能当经理。"

我最喜欢的是这句话：

"一个企业就是玩儿员工成长呢。员工成长了，企业还用说？"

· 第四章 ·

先分钱，再赚钱

先给钱，再干活

贾国龙说，西贝激励的逻辑是"幼儿园逻辑"。

所谓"幼儿园逻辑"，就是创造性地、"巧立名目"地发奖金——如果发成固定工资就起不到效果了。

2018年西贝年会，4天会议，100多位年轻干部分组上台述职，光PK奖金发了300多万，只要上台参与PK就有奖，每组第一名奖金4万，最后一名奖金1万。此外，各创业分部、总部职能部门报上来的年度奖项，百分之百全批。

"我是送我女儿去幼儿园时受到启发的，"贾国龙说，"我发现墙上有一大片小红花，每个孩子名字后面都有，都不少。老师就是在巧立名目地奖励小朋友。你吃饭好，吃饭小标兵；睡觉好，睡觉小标兵；唱歌好，唱歌小标兵……反正就各种理由奖励你。没发现孩子自从进了幼儿园都很开心吗?"

贾国龙说,西贝干部要学会创造性地发奖金,创造性地激励。

讲得更直白,就是要学会赚钱之前先分钱,而不是赚了钱之后再分钱。善于分钱,才能越赚越多。

这方面的好故事来自王龙龙分部刘权章支部金牌店长李阳。

恒隆广场店是西贝在济南开的第一家店,570平米,213个餐位。2017年9月22日开业后,生意一直火爆,开业8天营收80万,季度营收750万,至今保持着西贝三代店月均营收纪录。店长李阳的绝活儿是爆款营销,"卖大菜",每天销售额前三的三道菜,可占当天营收三分之一。

他激励团队有何绝招?李阳说:

"2017年圣诞节,恒隆广场店卖的大菜是'阿克苏苹果烤鸡+浇汁莜面套餐',149元一套。一早岗会,我让门店A、B、C三个区的部长报销售目标,每区50份,共150份。我哪肯善罢甘休,每区追加到60份,共180份。平常都是每晚闭餐后统计销售,第二天发提成。这次变个玩法,先发。每份提成10元,每区600元,每区散服5人,每人任务12份,开卖前,先发钱,每人120元先拿到手。"

"120元拿到手以后,拍照,造势。然后我说,A、B、C三个区PK,第一名奖励100元,第二名奖励5毛钱。"

"5毛还奖励?"我好奇。

"真奖励。5毛钱的一张票子,或者一个钢镚儿,现场发给团队,然后拍照,发到门店、支部大群,领导、伙伴,全看得见。获奖者分100块钱,年轻人并不在乎那点钱,关键是很好玩儿,100块跟5毛钱比,翻了200倍!玩法还有很多,或者当天闭餐工作交给最后一名,另外两个区早下班,或者输了的给赢了的买奶茶。"

贾国龙说过,西贝组织的基础逻辑是"赛"。一个人在什么环境和场合最积极?比赛的时候。李阳在恒隆广场店搞起了内部小赛场,一开始PK,前边有肉后边有狼,就变成自我驱动了。

"还有花样呢。"李阳说,"卖'阿克苏苹果烤鸡+浇汁莜面套餐',第一个开张的,现场打赏50元,于是大家都抢着卖。谁卖出个人第一份、第十份、第二十份,凑整数,都有打赏,就不断调动氛围。员工会想,我都卖出八份了,怎么今天也要凑到第十份。"

"那天目标卖出180份,结果一共卖出多少份?"

"192份!"

复盘一下。提成从第二天发，到当天开卖前先发，重要的不是钱本身。奖励从滞后到提前，背后发出一个什么信号？信任。员工们感到李阳觉得自己，行！

"我跟员工说，你们要相信自己，我也相信你们。"李阳说，"如果你对员工产生了怀疑，他的潜能往往就激发不出来。我希望用销售拉动员工的状态，用一场场胜仗建立员工的信心。"

"有没有没完成销售12份任务的员工？"我问。

"有，但是120元就是对他们的奖励，也不用退。比如你今天还一份没'开'，你的上级帮你卖3份，然后对讲机里说：贾老师今天卖了3份，不错，继续努力一下。这就帮你建立了自信。上司就是要对下属负责。你心里就会觉得亏欠他，就想着明天多卖点补给他。也有人天生不适合干销售，就转到服务岗，也不会一竿子否定人家。"

先投入，才能打胜仗。李阳，真有你的！

贾国龙"不爱钱"?

2013年,经历了西贝西北菜、西贝烹羊专家……折腾了一大圈后,贾国龙决定重回西贝莜面村。同时,华与华设计的超级符号"I ♥ 莜"也开始推广。

显而易见,西贝要围绕"莜面"大做文章了。

问题来了,如果你是贾国龙,此时此刻第一件事干什么?打造几道莜面招牌菜,然后提价?设计广告、海报,推出一整套营销方案打市场?贾国龙的答案就干干脆脆的两个字:

"加薪!"

给谁加薪?给手工搓莜面的人加薪。2013年以前,西贝店里搓莜面的都是上了年纪的老大妈,花布衣裳配一脸皱纹,确实有些土气。不是不想招年轻靓丽的小姑娘,只是用手搓莜面窝窝、莜面鱼鱼的活计很苦,时间一长腕关节会痛,这项手艺在内蒙古年轻女孩中濒临失传,所以一直招不上人。但这次,莜面妹的亮相是重新打造西贝莜面村的关键一步棋,只能成功,不准失败。怎么办?

"强制用莜面妹替换莜面大妈,底薪5000,不信找不来！"贾国龙直接拍板。

2013年西贝门店普通服务员一个月才挣2000多，莜面妹月薪起步5000？不少颜值高的女服务员蠢蠢欲动，纷纷申请转岗为莜面妹，经过技能培训和形体培训后上岗，一袭白衣白帽再配上"I ♥ 莜"LOGO，从此西贝门店多了一道亮丽的风景线，西贝莜面村也转型成功。

"先分钱，再赚钱"，西贝多个重要决策中，都有这个逻辑体现。

到西贝吃饭，如果你对某一道菜不满意，只要明确向服务员提出来，服务员有权把这道菜免单，这是因为西贝内部有一个考核指标"退菜率"。这个决定是怎么做出来的？

2015年10月，西贝"好吃战略"提出一年后，西贝全国各地开店也开始提速。如何保证"好吃战略"不走样？西贝提出"八个环节保障"：超级营销统领、全球大师研发、优质食材供应、高级导师贯彻、工匠师傅呈现、喜悦服务保障、精益红冰箱反馈、企业文化托底。其中"超级营销统领"一条中，贾国龙又想出关键一招，他在季度会上说：

"我们现在对顾客的承诺是'闭着眼睛点，道道都好吃'，我觉得这个承诺还不够厉害，就像宾馆门口经常贴块大牌子'宾至如归'，但真正打动你了吗？所以我想在'闭着眼睛点,道道都好吃'后面加一句话:'不好吃不要钱'。假如大家面前有两家餐厅,一家标着'不好吃不要钱',一家没标,你会走进哪一家?"重点是下一句:"'不好吃不要钱'要玩儿真的,我想设计一个浮动的强制退菜率,比如1%~2%,这会倒逼我们的内部管理,把菜越做越好吃。"

"1%~2%!那可是牺牲掉的净利润啊!"因为也是股东,台下的分部总经理们一脸诧异,很多人在心里念叨着"别啊,别啊"。

"我是怎么算这笔账的,"贾国龙解释,"2016年西贝大数4000万客流,4000万乘以2%就是80万,如果2016年有80万人次客人亲身体验了西贝'不好吃真不要钱'的承诺,他就会记住,就会口口相传。什么是营销?营销就是不断建立并深化和客户的关系,做生意最难的是让人信。2016年西贝大数销售30亿,30亿的1%就是3000万,拿3000万的付出换得客人一个'信'字,你们说多吗?"

你一定关心后来西贝到底退了多少钱的菜,结果出人意料:大多数时间不是退菜率超标,而是退菜率不足。人通常不愿意干公开占便宜的事,这或许也是一种人性吧。

2017年,全国羊肉价格飙升,人们戏称羊肉成了"羊贵妃",西贝羊肉成本激增。此时,西贝食安部门发来监测报告,赤峰地区羊肉疑似发现质量问题。西贝首席运营官张慧第一时间向贾国龙报告,贾国龙指示,从供应商工厂到西贝华北、华东、华南三大央厨,彻查羊肉原料,一旦发现问题:一、采购金额两个亿的羊肉全部销毁;二、销毁后不许找供应商的麻烦,我们认赔。经日夜检测,虚惊一场,张慧心里一块石头落了地。"'钱没了还能挣,品牌没了就完了',老板就是这么说的。一旦发现问题,2个亿啊,老板手都不抖一下的。"张慧眼睛发亮,"这就是老板。"

读到这儿也许你会说,"先分钱,再赚钱"的道理固然没错,但那是因为西贝已经赚了大钱啊,你写这些故事是"饱汉不知饿汉饥"。或问:如果我的公司当下还不怎么赚钱,手上资源少,该怎么激励人?那就再给你讲讲西贝和贾国龙还是个"穷光蛋"时的故事。

1997年,西贝第一次走出老家临河,在深圳开园丁酒楼,9个月赔了100多万。贾国龙夫妇关了店,退回临河。

"太可怕了。"听说老板从深圳回来了,当时留在西贝临河爱丽格斯餐厅做采购员的董俊义说,"当年西贝临河两家店爱丽格斯加西贝火锅城,得多少年才能挣出100多万啊,真是太可怕了。"

有一天董俊义正在厨房划菜，忽闻贾国龙在前厅喊他，心想"老板不会是要收拾我吧，他可没少收拾我"。连叫两次没应，贾国龙直接出现在厨房门口，把董俊义叫出来，从兜里掏出一叠厚厚的、皱巴巴的钱，塞到董俊义手里。

董俊义当时就蒙了，后来才知道，贾国龙听说自己平时忙完采购还特操心，又当电工又通厕所，顾客闹事时还挺身而出，便"凑"出2000块钱奖励自己。"当时老板哪有钱啊？工资几个月都发不出，几乎倾家荡产，难怪那叠钱里还有5块、10块的零钱！"

只读到小学三年级的董俊义，后来成长为西贝顶梁柱，成立了西贝董俊义分部，加上负责的西贝海鲜业务，年营收近10亿。

人们通常认为，西贝多年生意兴隆，一定是赚了好多年的大钱！其实不然，负责财务和审计的西贝副总裁张文华告诉我，从财务层面看，1988年创业的西贝直到2013年资金才不再紧张。

2003年12月，西贝创立的第十五个年头，贾国龙在那次董事会上透露公司"净资产第一次转变为正数"。这句话把当时的西贝行政总监，之前在国企做职业经理人的温一恩吓了一跳："没钱怎么能大手笔投资开店、投资员工学习？"翻完西贝历年财务报表才发现，2003年西贝营收首次突破1个亿，净利润438万，但冲抵公司历年累计亏损后，公司所有者权益只有21.03万。温一恩大惑不解，问贾国龙：

"西贝都干了15年，怎么还没有存一点钱？"

这是贾国龙在2003年的回答：

"我的钱都存在组织能力上，存在公司品牌上了。西贝未来组织能力与品牌势能强了，赚钱是水到渠成的事，对此我信心十足。"

"西贝从不仅仅以高利润为荣耀。"西贝"贝龄"15年，后来独立创办陈鹏鹏鹅肉饭店的陈鹏鹏说，西贝随时可以很赚钱，只要贾国龙不"闹"——不把那么多钱砸在员工身上，不花那么多钱折腾新模式……"那些整天说西贝'糟蹋钱'的人根本就不懂贾国龙，他们眼里就是钱、钱、钱……但你知道老板最厉害之处是什么吗？"陈鹏鹏自问自答，三个字以概之：

"不爱钱。"

如果贾国龙听到这句话，肯定觉得不准确，他说过，人都是趋利的，自己创业的初心也是为了改变自己的命运，怎么能不爱钱呢，另外企业要创造的那些美好意义也要靠挣钱支撑。贾国龙如何看待钱呢？"视金钱如粪土，容易让人理解成钱没用。钱有用啊，钱是肥料啊！"他有一句话：

"钱是待释放的能量,能量是释放出的钱。钱释放得越多,能量就越多。"

"我是把钱当能量的,自己分得多,组织能力更强,挣更多,再分更多,最终是收放自如。把做企业这个游戏参透了,和农民种地、春种秋收的道理不是一样一样的!但很多老板不这么想,挣了钱,落袋为安,'我的就是我的',多多益善。"

贾国龙评价今天很多中国企业学华为。学华为,就是学任正非,学不了任正非把利分出去,学华为白学。"任正非本事比我大多了,不一定都学得来,但舍得分钱这一点我还是能学来的。"

创业31年,贾国龙有一点想得越来越透:用合理的价值分配,撬动更大的价值创造。"先把分利规则定下来,作为老板,这个才是最有力量的。你不能跟员工说,你先干,干出来我再给你钱。"贾国龙说,"其实就是用分利的方式分权、分责。"

分利：陷入精算逻辑，累死你！

如果分了钱一定能挣更多钱，哪个老板不愿分？关键是，怎么分？

有一个古老的故事：一个卖主意的人，一个买主意的人，一天两人碰面，买主意的眨眨眼说，你把主意告诉我，然后我给你付钱。卖主意的一撇嘴，不行，你先付完钱我再把主意告诉你。结果两人永远不成交。

关于激励，管理者经常面对同样的困境：究竟该"先给"还是"后给"？给多少合适？

2017年夏天，贾国龙请湖畔大学的年轻创业者同学们到沙漠旅行，其间有一次辩论：一名基层员工市场价月薪5000元，你贾国龙为什么非要给6000元？贾国龙回应：给他6000，首先他肯定高兴，再给他支持、培训、赋能，争取让他干出7000的活儿来。"窍道就在这多给的1000块钱里，多给这1000块钱才起化学反应，等到他能力涨上来才提高收入，理就不通，西贝就成不了人才洼地！"

贾国龙对比西贝和海底捞，海底捞中高层收入不一定比西贝高，但基层员工待遇上，西贝和海底捞还有差距："作为顾客，我在海底捞没遇见过一次冷脸，但在西贝自己的店里遇到过。"

"利益向一线倾斜这一条，谁也别动小脑筋！"贾国龙经常敲打分部总经理们，"总觉得2万多员工，每人每年多给1万块，一年2个亿利润就没了。其实人都是有良心的，多给2个亿，没准儿给你干出4个亿，至少干出2个亿，不会让你多掏腰包。"

贾国龙深知，激励最难的是价值评价，但西贝分利有一条基本原则：一旦陷入精算逻辑会很麻烦。"为什么我说不要和顾客算计？西贝2万多人能算计得过一年6000万人次的顾客吗？同样，设计福利、待遇时过于算计，累死你，你能算过2万多名员工吗？"

好大气对吧？但细想想，这何尝不是一种更高级的精明？

一次，正和岛商学院访问西贝，贾国龙说分利其实就是个游戏："那个利本来就是人家创造的，假如人家创造出10万，你分给人家8万，其实你自己还扣了2万呢！"贾国龙的实在把全场逗乐了。

在贾国龙心里，西贝玩儿不了低价游戏，利润不是省出来的，而是做出好东西挣出来的：

"光靠省钱省出来的利润哪有竞争力？"

西贝不是省钱省出来的，他更关注通过激励让人们创造出更多增量来。

他说西贝30多年始终在打一场品质游戏，只要把产品做好、做极致，顾客不会跟你斤斤计较几块钱价格的高低。

"你们只管把东西做好，钱不够找顾客要！"

贾国龙如何给干部发年终奖？

西贝总部干部年收入由基本年薪和各种奖金组成，年薪首先在行业内处于高位，但年薪只是底数，真正的魅力在奖金。论功行赏，取得大成果者，一年奖金不低于甚至超过年薪。每年，贾国龙和妻子张丽平会从自己的分红中拿出至少一半激励总部干部，2018年，大数8000万。贾国龙如何发好这8000万？做法是让干部们"自己述职，自己要钱"。

2019年1月，西贝总部干部在位于内蒙古库布齐沙漠腹地的西贝铁军拓展基地连开了15天会议，总部各部门年终述职，讲自己2018年干了什么，取得什么成果。每个部门发多少奖金？参照前一年标准，自己在会上公开报出来，虽然奖金是从贾国龙夫妇的分红中出,15位西贝分部总经理(也是西贝股东)和总部近20位副总裁职级以上的高级干部,也与贾国龙一同现场提意见。有没有报超的?"砍掉一点奖金的部门很少,几乎都是报多少给多少,有的还多给。"齐立强分部总经理齐立强更有感触:"把谈钱的事放到桌面上大家一起讲,你知道多挑战人吗?"

会议尾声,近20位副总裁职级以上高级干部的年终奖还没讨论哪,怎么办?"你们每人给我写份简短的述职报告吧,一周内发给我。"贾国龙说。写什么?两点:第一,你干了什么,干成了什么,借华为语言,多打了多少斤粮食,提高了多少土地肥力;第二,你去年总收入多少,你期待2018年总收入多少,给一个区间,扣掉已经发你的年薪,我评估后给大家补齐。其中两个细节:一是去年总收入自己写。贾国龙说:"自己肯定忘不了自己的收入,省得我再去财务查。"二是想要多少奖金,自己报。贾国龙对高管们说:"大胆地报出来,别不好意思说。"

一个月后,我问贾国龙,高管奖金发得怎么样?自己要奖金,有没有要"超"了?

"90%靠谱,极个别要得特别少,我就多给一些。"贾国龙说,关键是"拿贡献要奖金"的规则明确以后,人们就会主动把2019年的任务领走，准备抢2019年的奖金，作为老板的自己就一身轻松。

"14天，8000万奖金发出去了，加满油，那就不一样啊，2019年绝对干不差！"

组织里很重要的一件事是分配压力。贾国龙说，越是高级干部，越是创意工作者，越要激发他们的创造性，让他们全身心地投入工作，创造出突出贡献，从贾国龙自己身上往外分工作，让西贝从贾国龙一个老板变成多个老板。因此，激励高管千万不要陷入精算逻辑。为什么？因为算不准！在激励高管和利用外脑上，西贝的做法是一致的。

这两年，西贝构建总部能力中心，通过猎头从跨国公司引进了好几位高管，身价不菲。贾国龙要用的人，都是贾国龙亲自面试，亲自谈判。对于年薪、待遇这些敏感话题，贾国龙的基本原则是：只要是我认准的人，不要讨价还价，对方要多少给多少。当然，会有很高薪水入职的高管，打破了西贝原有高管队伍的收入平衡。一次会上，有高级干部就对贾国龙提意见："我太清楚你了，谈判的时候，从没有还价的习惯。"

贾国龙回应："从我的角度来说，你既然想用人家，人家明明要5毛，谈判半天你给砍成4毛，多别扭啊！另一个我马上想到，有了更高的标尺，现有和他同级别干部的收入也更有希望很快涨上去啊。"

"要是有人明明可以要5毛，结果人家就要了4毛呢？"在场的前西贝人力资源顾问、著名人力资源管理专家房晟陶问。

"我会找机会给他补上去的，长周期看，大家都满意。"贾国龙站起身，似乎在亮出自己的"杀手锏"，"别的我不敢说自信，最自信的就是和人谈待遇，从不纠结，先给谁后给谁，谁多谁少，通常我都是超配，都愿意多给。"

在待遇问题上，贾国龙不怕自己吃亏？

"价码要得高没问题，我答应你，但同时我也会要求你干出相应的活儿来。价码要很高，活儿没干出来，那不是给自己打脸？试完我觉得你性价比不高，他离开后还得重新找下家，多大的代价！"

贾国龙说自己有同学做建筑设计，最烦遇上砍价的老板："60万报价想尽办法抠成50万，结果人家说不定就给你干出20万的活儿，你说傻不傻？"

"关键人家咨询公司干的是创意工作，用的是脑和心，人家少干一点你也不懂啊！"贾国龙说。所以面对咨询公司，西贝同样基本不砍价。麦肯锡一周要80万咨询费？"没问题，你就安心干好了。"

2009年，当时国内制造业引进精益管理都是新鲜事，餐饮老板们大多没接触过精益，贾国龙听说"精益"是一种科学的管理方式，就拿出一家门店，花50万请咨询公司来试点推进精益。2011年初，西贝副总裁邓德海还是华制咨询公司的联合创始人，在国内推广精益生产方式。贾国龙请邓德海进西贝给一帮餐饮人讲了一天精益管理。课后，贾国龙拉着邓德海说："你来给西贝做精益咨询吧！"

邓德海及手下顾问暗自思忖：2011年西贝才30多家门店，营收不足10亿，利润只有几千万，两年咨询费超600万，一个餐饮老板真的愿意在精益管理上投这么大一笔钱吗？

邓德海报出方案，没想到贾国龙好像不过脑子便脱口而出："可以！"

当时把邓德海吓了一跳。合作过程中，邓德海才明白，其实贾国龙在决定做精益咨询时，并没真正搞懂精益生产是怎么一回事，只是感觉对西贝来说，精益早晚会变得很重要，就要搞！"他是个做大事的人，这是最吸引我的地方。"合作结束后，邓德海加入西贝。

贾国龙说："企业家要相信自己有局限，有些东西搞不定的，就得花钱去买。我们花钱买原料，买羊肉，其实知识、创意也一样，也需要花钱买。创意有创意领域的高手，管理有管理领域的高手。**企业家就是组合各种资源，组合原料，组合**

人，组合创意，最后再把它销售出去，把钱收回来，然后继续循环。"

关于企业与咨询公司合作，贾国龙总结过两句话。

第一句："咨询的价值在于过程。"

潜台词是，咨询当然要有成果，但有时，咨询最终的价值还真不一定是最初预设的结果。咨询过程中最大的价值在于点悟、启发，善于捕捉的老板会找到对自己决策最有价值的信息。贾国龙打比方，自己经常想通过咨询得到一只肥猪，结果得到一只肥羊，有意外惊喜。"肥羊也很好嘛！"

第二句："咨询是企业家的生活方式。"

"和全世界顶尖高手过招，就是西贝人的工作方式和生活方式。"贾国龙说，"就是要花钱和不同的咨询公司过招，找够量级的人来跟自己吵架。就像下棋要找高手陪练一样，在互相陪练中，双方的水平都越来越高。"

贾国龙号召每一位西贝副总裁都配备一个贴身外挂顾问，品牌营销配的是华与华团队，人力资源之前配的是房晟陶团队，食品安全配的是美国艺康……不同领域的顾问，自己找，别怕贵。"你们给公司未来竞争力投资，我领情；你们给公司省钱，结果牺牲了未来竞争力，我不领情！"贾国龙对高级干部们说，"别怕我们暂时不挣钱、少挣钱，就是要倒逼我们将来挣大钱！"

2017年，西贝一年请外脑的咨询费用大数4000万。多吗？相比当年西贝43亿营收，接近1%营收用于咨询，不少；但相比华为创业30多年花掉的380亿咨询费，西贝和全球顶级高手过招的游戏才刚刚开始。任正非有两句话，贾国龙肯定深有感触：

"当公司出现机会和成本的冲突时，我们是要机会还是要成本？首先要机会。抓住了战略机会，花多少钱都是胜利；抓不住战略机会，不花钱也是死亡。节约是节约不出华为公司的。"

"这世界上最不值钱的就是金子，最值钱的是未来和机会。"

要想好，大让小

都说西贝挣钱能力强，背后是分钱能力强。西贝分钱的艺术，除了"先分钱，再赚钱""千万别陷入精算逻辑"外，还可以从一个角度理解：要想好，大让小。

干过中式正餐的人都懂，大厨们最不好"搂"，他们好比餐饮企业里的研发工程师，功夫在身，牛气，但也易犯浑、散、轴、呆、怯的毛病。贾国龙带标部时，有时碰上这些经常"有感情，没表情"的大厨，也拿他们没辙。但有一个人，把大厨们用得团团转。西贝开大会，轮到宋建、付国、赵立功、吴俊义、梁飞上台分享，他总是眼含深情、笑意盈盈地开场："我的宝贝们，都上来！"他，就是西贝首席运营官，标部总导师张慧。

张慧搞机械出身，懂"人、机、料、法、环"，爱鼓捣，以发现问题、解决问题为乐。工作起来，常"走火入魔"。他的脑子很少有停下来的时候，不时摸出手机，写业务推进方案，写悟到的管理智慧。夫人来电，"别打，正在灵感上"，继续写，哗哗几大段就出来了。另外，张慧敢"碰硬"，西贝对"碰硬"的理解就是设定高目标，迎难而上，直到问题解决为止。从采购、央厨到门店，西贝菜品标准化能领跑中餐，张慧功莫大焉。

贾国龙是如何激发张慧的？贾国龙说，张慧是被发现的。

张慧过去也是分部总经理，负责西贝莜面村西北地区业务，人称"西北王"。张慧自己讲，过去给手下发钱，总"瞻前顾后"，跟今天的自己比，小气。西贝董俊义分部总经理董俊义说，调回总部这几年，张慧好似变了一个人："张慧那家伙，我过去不佩服，现在太佩服了！"

贾国龙怎样改造张慧这个"西北王"为标部总导师？不是一蹴而就，而是一步步设计，一点点过渡。

贾国龙先是开干部会时"吹风"："张慧，你就别干分部老大的活儿了，你来总部，利益不会比分部低。"张慧没当真。接着，贾国龙让张慧和宋建、梁飞等大厨们一起，每周来北京上一次美国老头儿理查德领衔的领导力课程。看身边全是做菜师傅，其他分部总经理一个也没来，张慧很纳闷儿。

之后是设计角色和配置资源。贾国龙又给张慧封了一个"西贝西北菜研究院院长"的兼职头衔。过去小笼莜面一蒸，莜面就塌，立不住。张慧懂机械，好钻研，设计好"笼"的尺寸，让小笼莜面"站"起来了，对几道菜品成功进行技术改造后，张慧有了成就感，贾国龙奖励张慧100万。

更触动张慧的一件事是回购股份。

2013年，张慧在几家西贝门店拥有股份，其中最大一家门店是呼和浩特西贝阳光海岸，张慧有15%股份，股份是张慧人力资本入股，并没掏真金白银。张慧在阳光海岸带出一支有战斗力的队伍，但因前期投资过大，干了6年还没收回投资。总部回购张慧阳光海岸店股份时，张慧说自己"连100万补偿都没想过，甚至补不补都无所谓"。不料，600万现金，贾国龙一次性打到张慧账户上。

"这就是老板，"张慧说，"从不会亏待你。"

我向贾国龙求证这件事。贾国龙说："没赚钱是他算出来没赚钱，怎么能没赚钱？600万是按净资产退股时，就值600万，假设那家店之前亏着5000万，你干到亏成3000万，减亏2000万，就形成净资产了嘛。就是公道地回购股份，没有我照顾他一说。当然，如果一个人骗他、唬他，说公司账上没钱，还亏那么多钱，不给你，也能说下去。"

"在这些事情上，我一直是，你算的500万，我多给你100万都行。"贾国龙说。

西贝分钱、带人，有一句很有性格的话，六个字："要想好，大让小。"怎么理解？

贾国龙现场演示，他抓起一把瓜子，随手撒在桌子上，桌子上有一条线，瓜子散落在线两边，四颗瓜子正好压在线上。"林男你看，瓜子好比一把'利'，中线这边是你的，中线那边是我的，清清楚楚，但这四颗压在中线上，如果是利，给你；如果是害，我揽回来。跟下边人算账，我的理都是：**压在中线上的利，是你的；压在中线上的害，是我的。就这么简单，但最难做到。**"为什么？贾国龙说："人们会精算，说你看林男，瓜子（利）三分之一在你这边，三分之二在我这边，然后你说，哎，不对，二分之一在你这边，二分之一在我这边，然后掰扯不清，矛盾就形成了。实际上，压在中线上的，也就是分不清的利或害非常少，当领导的如果能把这个问题解决好，下边人就服气。"

要想好，大让小。张慧在贾国龙面前，贾国龙是大，张慧是小；张慧在他的团队面前，张慧是大，团队是小。西贝文化就是靠一层一层、一代一代的言传身教形成的。

很多公司都处不好和离职员工的关系，但因为各种原因离开西贝的人，会说西贝不够意思的，少。员工离职时，公司是大，离职员工是小，贾国龙一直影响手下干部：大方一些，最后一个月干了10天，按全月工资发。所以自己面对离职员工就有心理优势，可以随时找他，如果换种做法，明明能给一块，非抠成五毛，那你哪来的心理优势？

都说贾国龙包容，"对事较真儿，对人不计较"，可一旦有干部在原则问题上表现出自私，贾国龙一点也不手下留情。多年前，西贝有家门店员工跳进河里救落水伙伴时不幸牺牲，按当年国家工伤赔偿最高标准，西贝准备赔70万给这位见义勇为的烈士。处理方案讨论会上，有位重要干部一脸不悦，提出赔偿太多啦，能不能少赔点。贾国龙听了面色一沉，但真正惹火贾国龙的，是那位干部后来冒出一句话："那家店还有我

15%股份，70万赔偿金里还有我10万块钱呢！"

"你别干了。"贾国龙气得火冒三丈，当场对那位干部说，心想补偿一位见义勇为失去生命的西贝伙伴，你竟然能算清楚补偿金里有你自己多少钱？！不久后，那位干部离开西贝，但因其在西贝早年做出的重要贡献，贾国龙一直保留着他的股份。

利润费用化，西贝人一年学习费用1个亿！

如果西贝是一家上市公司，在分利上会很难做到如此"任性"。贾国龙想明白一件事。

海底捞2018年9月底上市后，一拨拨投资机构约贾国龙见面，鼓动西贝登陆资本市场："贾总，餐饮业4万亿大市场，年增速10%，形势这么好，海底捞一上市就千亿市值，行业里海底捞之后最具规模和实力的就数西贝了……"饭桌上，贾国龙避而不答，只是一起吃饭喝酒，人家抬举西贝，贾国龙不好意思掏出自己的真实想法。

之后的一天早上，贾国龙和我通了个电话。贾国龙说，海底捞上市也深深触动了他，2018年是西贝创业30年，下一个

30年西贝怎么走,就两句话,也是他曾在内部讲过的意思:

"西贝永远不上市,把利分给奋斗者!"

我问贾国龙:"西贝不上市,非要加上'永远'两个字吗?"

贾国龙答:"加上'永远'两个字是必须的,就是要把话说绝,断了人们的念想。"

骨子里,贾国龙是一个极在乎掌控权的人,平生最受不了被人束缚,精明的生意人本色外又有写意、"任性"的艺术家气质。西贝这场大游戏,他称自己是编剧、导演兼总设计师,不想整天被一张财务报表约束。他说"西贝永远不上市"并无对错,只是组织的一种选择。

贾国龙说,因为不上市,西贝就可以玩儿一个"高投入、高费用推动的高收入,产生合理利润"的大游戏。"干餐饮够苦啦,要有好待遇,"贾国龙常说,"如果变成一台纯粹的挣钱机器,会很无趣!不可持续!"

西贝追求高收入,但只取合理利润,就因为前面的"高投入和高费用",这在西贝叫作"利润费用化"。贾国龙说,上市公司往往是反过来,"费用利润化",好比上市公司请客吃顿饭花1万块钱,假如10倍市盈率,财务报表上10万市值就被"吃"掉了,于是通常省着不吃。西贝不上市,偏偏要利润费用化，"花钱，就是我们的目的"。平时，西贝人就要过有滋有味的生活，"否则平时省着，年底发一次钱，人们攒钱买房，买很多套房，可过的还是穷人的生活"。

"大手大脚，效果特好！"有人这样形容西贝的花钱方式。还有媒体直接把一篇文章的标题定为《海底捞你学不会，西贝你学不起》。

我参加过的很多次西贝季度会都在北京、上海市郊的五星级酒店召开，西贝选择会场的标准是，面积必须足够，按1000人计算，面积不少于1500平方米，层高不低于7米。每次季度会茶歇的点心、水果、干果、零食种类就有几十种。2016年一次季度会后，近千位店长、厨师长直接拉去北京朝阳公园包场看全球顶级舞台秀《舞马》，一张票千元上下。贾国龙说："西贝的使命是创造喜悦人生，我们要随时随地给顾客提供一顿好饭，提供美好的生活品质，首先我们自己要过美好生活。自己过的不是美好生活，我不相信能给别人提供美好生活。"

在"吃"的预算上，西贝从来不卡干部。"干餐饮的如果自己不把吃饭当回事，就干不好工作。对我们来说，吃饭就是工作，吃胖就是工伤。"贾国龙说，"西贝的干部一定自己吃好每一顿饭，很挑剔地去吃。"贾国龙说自己一顿吃不好，三天不高兴，吃到一道粗制滥造的菜都想骂人。为什么要这样？他对西贝干部说："因为我们必须保持我们对饭菜口味的鉴赏力。假如你连着几天没吃到好吃的菜，会直接降低你的口味标准，会把普通菜当好菜，你店里的饭菜质量下降了，你根本感觉不到。所以，你爱顾客的具体行动，便是自己成为一个美食家、馋鬼。"

西贝利润费用化，更鲜明地体现在西贝人的集体学习上。2017年，西贝咨询费花了大数4000万，员工学习费用则达到了1个亿，超过西贝当年营收2%。

说到西贝人的学习，首先一个特点是贾国龙本身以学习为乐。贾国龙每年专门花在各种课程、培训、企业访问上的时间就有大几十天。更重要的是集体学习，贾国龙学了觉得好的，一拨拨送干部们去上。很多动辄几万、十几万学费的课程上，通常一上来自报家门，别家公司去的都是董事长、CEO、总裁，西贝这边经常是分部总经理或总部的中高层干部。西贝历史上，累计付出千万以上学费的学习机构就有4家：台湾江又毅的圆桌课程、刘一秒的思八达培训、林晔丞的支生健康课程，还有如今美国教练理查德领衔的产通天下领导力培训。如果你留心这些课程，还会发现西贝学习的第三个特点：并不都直接和经营相关！贾国龙认为学习就是一种生活方式："学习跟吃饭要吃杂食一样，酸甜苦辣都是营养，关键是为我所用。好比你吃豆包长不出豆包，重要的是你的消化吸收能力。"

贾国龙说，集体学习真比光老板一个人学习重要。很多公司是老板学完了自己给干部讲，为什么？第一省钱，第二可以和手下形成落差——要是咱们水平差不多，我还怎么领导你们呢？但时间长了老板和手下落差越来越大，老板的意图，底下接不住会很麻烦。再有，虽然贾国龙在西贝拥有足够权威，但有时要推进一件事也有很大阻力，搞不定干部们怎么办？拉你们一起上课！通过集体学习、讨论来达成共识。**本质上，集体学习就是西贝组织能力构建，应对未来竞争的过程。**

有创业者犯难，问贾国龙："我们给员工报名学习，可员工不爱学，就爱打《王者荣耀》，怎么办？"

"课要把员工镇住才行，"贾国龙说，"上的全是大路货的课，员工肯定觉得无趣嘛。学习一定要高配，比如一级员工通常学一天300元的课，你给他报3000元一天的，他怎么能不学呢？"

董俊义分部总经理董俊义，只念到小学三年级，当年最怵被贾国龙拉去各种课程，一上课准失眠，尤其担心第二天老师让自己分享。"我这个文化水平能说出些啥？"有一次，董俊义实在头疼学不下去了，边挠头边对贾国龙诉苦：课堂上好多字都不认的,一半看,还一半猜呢!暗示能不能不学,别糟蹋学费了。

贾国龙斜了董俊义一眼:"你长脑子、长耳朵了哇?"

"长呢哇。"董俊义喃喃道。

"坐那儿听!"

中篇　西贝如何驱动组织：激励与约束

· 第五章 ·
无须扬鞭自奋蹄

西贝式组织：要有山头，不要有山头主义

30年来，西贝组织结构最与众不同之处，是西贝独特的创业合伙人制。即，在西贝平台上，有很多老板，他们自我驱动，自主经营。

2002年，24岁的大学毕业生齐立强在深圳先科公司工作半年后，辞职来北京，被贾国龙聘为西贝餐饮总经理，后又被聘为亚运村店总经理。"老板真大胆！我什么干部都没当过，就要我做总经理。"齐立强说。由于亚运村店经营不善，2003年西贝免去齐立强亚运村店总经理职务，改聘齐立强为西贝市场营销总监。当"老总"的经历刺激了齐立强的创业热情，他于2003年4月辞职，南下深圳开了一家名为"西北美食城"的餐厅。当年10月，贾国龙来深圳，提出："小齐，咱

们合作吧。"收了西北美食城70%股份，改名西贝莜面村深圳店，齐立强占30%股份，仍做总经理，西贝第一位创业经理诞生。

齐立强说，当年贾国龙除了给自己派来一位厨师长刘强，剩下所有事情——开店、拉客流、推新菜、带队伍，乃至对付黑社会——全部由齐立强自己搞定。"老板是完全放手，一开始就没有打工的感觉。西贝的基因就是，对我们完全地相信，老板从来也不怀疑，这点特别宝贵。"齐立强说，"当年老板跟我讲，反正西贝也不上市，你好好做，慢慢做，咱们彼此感恩，挺好。"

西贝历史上，有许多像齐立强这样"火线提拔"为店长、总经理的人物。在外人看来，贾国龙的人事决策过于随意、大胆，有点"乱点鸳鸯谱"，但贾国龙这样做的核心意图是培养人，培养西贝未来的领军人物——其中这些分部总经理在西贝被称为"老大们"。邓德海说："外界可能只看到西贝舍得花钱让大家去培训学习，但与在关键岗位给员工试错成长的投资相比，可谓小巫见大巫。"正如贾国龙所说："哪个创业老大不是花了千万级的投资培养起来的？"

什么是老大？贾国龙说："老大要负全责，对员工队伍负责，对顾客承诺负责，对经营结果负责，这个文化是西贝创立

30年来逐步形成的。公司培养老大不惜代价，一是培训的费用，二是试错的费用。在每一位老大的成长过程中，公司都允许失败，特别是市场的老大，你想怎么做就怎么做，公司愿意承担试错的费用。"

继齐立强在华南成为创业总经理，董俊义、张慧在西北，乔玉青在北京，贾国慧、周昕在上海，王武卫在东北，都成为一方市场的"老大"。他们开疆拓土，领兵一方。2015年西贝着力强化总部，建立西贝赛场之前，贾国龙对各地创业老总真的是"放养"，好似法国历史学家勒内·格鲁塞笔下的成吉思汗。成吉思汗对儿子术赤和察合台说："你们不必都在我眼前效力。江湖广阔，天高地阔，朕将下令，让你们各自管理一个地区，分营镇守，各守封国。"

这样的局面演化到今天，就是西贝全国13个创业分部和60多个创业支部。它有几个特点：

第一个特点，创业分部和西贝总部是利益共同体，创业分部占40%股份，总部占60%股份。创业分部下设创业支部，分部老大、支部经理和分部骨干都持有公司股份。每个创业分部的决策权很大。贾国龙的定位是，老板和大家一起设定方向，总部赋能，分部各自创造，老板兜底。

张忠其，一位从厨师长变为西安、重庆地区的西贝分部老大。刚当分部老大时，贾国龙一句话让他记忆深刻："忠其，我对你们最大的支持，就是不管！"

第二个特点，创业分部、支部以分部总经理、支部经理的名字命名。如：李凤兰分部魏通支部阜成门店，王龙龙分部刘权章支部西单汉光店。一次，国家食品药品安全监督管理局一位领导到西单汉光店考察"阳光餐饮"落地情况，指着西贝门口牌子上写着的"刘权章支部"，问："你们还有党支部？"刘权章笑着解释："我叫刘权章，是这家店的支部经理，所以叫刘权章支部。"

谁不爱惜自己的名声？把老大的名字和每家门店、员工的荣辱绑在一起，这招威力很大。尤其西贝赛场开赛后，全国200多家门店各种排名、PK，每位分部老大、支部经理都处于彼此竞争中。听说，贾国龙还曾想让每个分部注册的公司都以分部老大的名字命名。

第三个特点，西贝创业分部打破传统企业按地域划分的方法，即使在同一区域，也可以有多个创业分部同时开展业务。如：北京和华北地区就有李凤兰、王龙龙、高泽平、张慧琴等四大创业分部；以前上海和华东地区由打下该市场的周昕一家分部独占，2015年后，董俊义、刘旭东、丁波等几个分部也杀入华东，区域不独占，相互比、学、赶、帮、超。

西贝有13个创业分部,就有13位老板,13位在西贝摸爬滚打成长起来的"老大"。每位老大的性格、成长背景、长短各异。贾国龙驾驭整个组织的管理哲学不是管控,而是德鲁克提出的"目标管理,自我控制"。在战略方向一致的前提下,每位分部老大不只是听命行事,而是自己决定必须怎样做。于是,30年来,西贝这台戏不是老板贾国龙在"单挑",而是一群创业老大在市场上"打群架",是"集体创作"。西贝很多创新都是总部设定方向,分部蹚出来的。比如2010年前西贝全是街边店,进不了shopping mall,为什么?当时都觉得西贝店面面积小于600平米就不挣钱,周昕上海金桥店一开,西贝二代店被验证成功。王龙龙创造出来的、被称为"厨房里的餐厅"的如今西贝主力店面三代店,则被贾国龙称为"神来之笔"。

贾国龙喜欢"场"这个字。老板就是造一个"场",梦想"场",文化"场",制度"场"。"你们玩儿吧,创造性地玩儿。下面人真比我会玩儿。"

在一个"场"里,有跑得快的,有跑得慢的,如果大家行动不一致怎么办?

"这就好比班里有13个学生,水平有高有低,行动有先有后,千万别要求'1、2、3,齐步走'!西贝的赛场机制,就是'前边有肉，后边有狼'，在这个'场'里，大家比、学、赶、帮、超，最后组织整体进步就行。"

"你不怕山头林立？"我追问。

"他们都是股东，我防他们干什么？**我就需要他们做大，要有山头，不要有山头主义就行了。**"贾国龙说，"每个分部都有自己的番号，每个分部老大都要用自己的个性打动人。我们就是要无数个老板、无数个老大。水浒一百零八将，个性一个和一个不一样，但都是梁山好汉啊！"

西贝赛场：实现生产、运营标准化的"惊险一跃"

在西贝的"放养"年代，创业分部制在西贝总部能力薄弱的情况下，保证了组织的整体活力，但弊端也显而易见：

各创业分部犹如各守一方的诸侯，除了总部年会和重要活动在一起，其他时间"老死不相往来"，各吹各的号，各唱各的调。当时的西贝，每家店的菜单、环境、餐具、服务员服装都不一样。同在北京，有的分部发现其他分部的茶杯不错，问从哪儿进的货，对方也支支吾吾。

贾国龙到一家门店，发现猪肉烩酸菜油大了，或者卡式炉不干净，门店环境乱，只能把干部叫来骂一顿了事。然后每次到一线，又是一堆问题，却没有解决问题的抓手。直愁得贾国龙不愿去门店，打怵。

对各创业分部的评价，包括谁跑偏了不许开店，都得老板出面表态。大家有时不服气，贾国龙自己也很难受。

随着2014年西贝提出"好吃战略"，2015年西贝提出"全球每一个城市、每一条街都开有西贝，是顾客最爱用餐地"的企业愿景，西贝进入快速扩张阶段。2015年开了50多家店，2016年开了60多家店，2017年开了40多家店，2018年预计开100多家店。如果西贝不强化总部系统能力，在保证各创业分部活力的基础上，让西贝"全国一盘棋"，组织一定会崩。关键时期，贾国龙在组织上最重要的一项制度设计，就是西贝独特的战略绩效体系：西贝赛场。

上世纪八十年代，贾国龙念高中时，正是中国女排崛起的黄金年代，贾国龙迷上排球，那个"杭后一中的光头二传"，个子不高，但灵活、顽强、打不死。贾国龙所在的球队从地区垫底一路打到临河亚军、精神文明奖。这段经历对贾国龙一生都有很大影响。体育给他启迪，人在什么环境和场合中状态最好？比赛！只要是比赛，精神就高度集中，自我驱动力最强，同时效率也高。这与比赛中有健全的游戏规则，有排名，有奖金，有裁判监督不能犯规，还有更高、更快、更强的能量场都有关。

2015年盛夏，贾国龙请海底捞创始人张勇在草原上喝了几天酒，吃了几天肉。临别前，张勇对贾国龙说了一句话：海底捞的真正法宝不是服务，而是在高报酬、高福利的环境里一套严格的淘汰机制。"海底捞那一套我学不来，但我得搞我那一套，你是'踢足球的'，我就'打排球'。"但张勇的话更坚定了贾国龙在西贝启动赛场。

整个西贝是被贾国龙"一脚踹进赛场"的。

2015年8月底，贾国龙宣布，当年四季度开始，所有开业3个月以上的门店进入赛场。赛场每季度竞赛一次，特别之处在于，竞赛不比营业额和利润，比顾客满意度、员工积极性和门店的基础管理。开餐厅的不比营业额和利润？干部们一时摸不着头脑。

此外，从准备到开赛，只有1个月时间，而赛场是一个系统工程，涉及标准建设、评分规则、裁判队伍组建、激励机制设计等方方面面。来得及吗？大家都很担心。当时贾国龙对干部们说："等大家全部准备好再开赛，不可能！我一旦吃准的事，就非常霸道。不要担心，要创造。贾国慧召集大家拿出一个初步的评价方案，先赛起来，赛的过程中不断完善，逐步走向专业化。"

2015年第四季度的西贝赛场是模拟赛，正式比赛从2016年第一季度开始。

西贝赛场有两个核心目的：

一是追求极致顾客体验。就是"闭着眼睛点，道道都好吃，不好吃不要钱"；就是"保证有（菜品），保证好，保证快"；就是六个非常："非常热情！非常干净！非常快！非常非常非常好吃！"

二是培养一支"动力十足，训练有素，并且人生喜悦"的非凡团队。

西贝赛场的独到之处在于：

首先，赛场是一套考核和监督体系。全覆盖，无死角，一切导向创造极致顾客体验。

西贝赛场分为服务赛场和厨务赛场，分八大项目比赛：

顾客体验——要的是"好口碑"；

服务标准化、生产标准化——要的是"系统能力的不断提升"；

食品安全、安全保全——要的是"不出事"；

客流增长——要的是"高营收和利润"；

环境标准化——要的是"好印象"；

员工生活、人事实务——要的是"组织成长"。

从店长、厨师长到洗碗阿姨、撤餐大叔，每个人、每个岗位都被卷进赛场，处于和全国其他门店的竞争之中，成绩时时可见，涉及从前厅到后厨的2000多个工作点。

下次去西贝就餐，你可以留意下，西贝员工在岗期间去洗手间，必穿隔菌服，戴隔菌帽；每天中午、晚上接近闭餐，西贝服务员都会和一只小小的辣椒油瓶较劲，捏着纸巾擦了又擦，确保瓶身清洁无油点。这些都是赛场的考核点。

西贝厨师、服务员服装为什么那么整洁？环境标准化考核员工仪容仪表。北京通州长楹店一次就被裁判扣分："值班店长余小伟陪同，检查1区部长李铁岩的仪容仪表时，发现衬衣上有大于新版一角硬币大小的污渍，超过了一颗黄豆的大小，与标准不符，现场已确认。"

西贝等位为什么快？前任西贝服务裁判长张丽丽说，因为前厅服务考核有"四个一分钟"：客人离开一分钟内撤台收台布；一分钟内领客人入座；菜做好了一分钟内传菜；一分钟之内恢复台面，椅子归位。

西贝赛场细到什么程度？如今西贝红白格桌布已成为企业的一个视觉符号，为保证桌布四个边高低对齐，桌布每边的红白格必须在8—10个之内，铺出11个就会被扣分。红白格桌布，每清洗一张的成本在1.6元到1.8元，光洗桌布一项成本，一年就要大几千万，占西贝总营收1%。

其次，西贝赛场"玩儿真的"，全国门店大排名。根据赛场成绩，按比例从自家门店营收中提取奖金。后来玩法更刺激，赛场奖金按一定比例从每家门店季度营收中提取，统一到西贝赛场奖金池中。成绩好的门店不光能赚回自己的投入，还能"抢"来成绩不好门店的投入。西贝员工收入中很大一部分增量正来自于赛场奖金。

赛场成绩还直接与员工晋升以及开店牌照挂钩。西贝赛场成绩分A+、A、B、C、C-五档，比例分别为15%、45%、30%、5%和5%。实行牌照制，一个A+等于2个A，累计4个季度A，总部颁发一张开店牌照。

最后，也是最为独到的一点，赛场是西贝最有效的训练场和人才培养系统。

不同于很多公司由总部派出专职裁判的做法，贾国龙认为，专职裁判就一定会疲惫，走向死板和官僚主义，所以西贝裁判主要来自于"运动员"，是轮值裁判。跨区裁，比如华东裁华北，西北裁华南。每个季度从门店抽出"运动员"，经过集中培训赋能使之成为裁判员。裁判员身兼两职，不光是铁面无私地考核成绩的"裁判"，还是交流其他店成败得失，为门店赋能的"陪练"。

你可能会问,会不会有一家门店的部长、三星师傅去裁别家门店级别更高的店长、厨师长的情况发生?常有的事。很多稚嫩的基层干部就这样被作为裁判推上了西贝赛场。真大胆!不专业乃至作假的情况有没有?有。但贾国龙说,西贝赛场的核心目的,就是培养未来的优秀店长、厨师长。裁判与所裁门店间互相学习,放胆让他们"互搏",可以"在战争中学会战争"。

西贝赛场还有自己的app,记录着裁判每天全国门店的巡店报告。北京阜成门店店长郑涛说,巡店报告是他最好的学习资料,每天必读,看一家门店扣分在哪里,加分在哪里。"因为他犯的错,我可能也会犯。"

"当裁判是最大的赋能工作,当一次裁判,什么都懂了。"贾国龙说,当过裁判员的运动员更会比赛。在西贝要晋升店长,必须拿到裁判员合格证书。

下面就来看看西贝裁判李学武的故事。

西贝"黄埔军校"

李学武发达得早。大学没毕业,他开始卖服装,毕业没几年,做到一家名牌保暖内衣省代,26岁买好房开好车。

李学武想自己干出个品牌来,在老家开了一家1000平米养生会所,汗蒸、足疗、美容三位一体,挺火。接着,他又和朋友投了2000万,在省会城市开了一家1万平米大店,手下100多人。没想到2013年"八项规定"一出,过去客人几万几万地往卡里充钱,后来卖出一张卡都难。

李学武赔了个精光。

能大能小方君子。李学武南下武汉,趁年轻,他要沉淀下来,重新开始。再选行业,要选个受政策波动影响小的。人总要吃饭,餐饮业做好了,长盛不衰。去西贝吃饭,"25分钟上齐一桌菜""不好吃不要钱"的承诺让他眼前一亮。2017年初,李学武决定加入西贝。

西贝武汉中商广场店,李学武从基层服务员干起,头一个月,挣不到4000。赶上过年,门店人员缺编,从大年初一到正月十五,李学武带着两个人,洗碗间洗了半个月碗。李学武长于营销。过去做保暖内衣省代，开分销商大会，李学武一讲完，分销商就能签合同，打预付款。从洗碗间出来，李学武在迎宾岗上打出威风，通过抽奖、用小丑主持与顾客互动，把候餐流失率从30%降到10%，平均一天多带进100位客人。李学武成了迎宾部主任。

2017年第四季度，李学武来华北赛区当裁判。在他帮带下，北京五棵松店迎宾岗候餐流失率从38%下降到17%。张慧琴创业分部王坤写道："开餐后，他将两名咨客人员分两组进行PK，看谁创造的客流多。在他的引领下，每当有顾客路过，伙伴们都会报以喜悦的笑容，不断问好，给小朋友分发气球、送小吃，和顾客进行交流。高峰期很多顾客不耐烦时，李学武拿出'制胜法宝'，进行现场抽奖互动，等位超过25分钟可抽奖一次，13：30后等位超过15分钟就可抽奖一次，过程中根据客流情况不断调整战术。顾客们好像忘记了饥饿，井然有序地在欢声笑语中等待用餐。"

作为一名金牌裁判，李学武让门店"又恨又爱"。恨，是因为捍卫标准，眼光犀利，全面暴露问题。在北京通州长楹店当裁判时，他发现门店油烟味重，影响顾客体验，店长三德子承诺下午立即整改铁板档口位置，看能否先别扣分，但李学武还是根据标准扣分了。半个月后，李学武第二次去这家店，发现虽然调整了铁板位置，但油烟味还有，第二次扣分。爱，是因为不光发现问题，还能给出解决方案。第二次扣分后，李学武陪三德子现场找真因，发现有油烟味是排风风力不够导致的，于是花费3000元更换了铁板档口的排风系统。几天后，李学武第三次去这家店陪练追踪，油烟味已经没有了。

不光是门店从李学武身上学东西，李学武本人才是最大的受益者。一个季度，李学武走过50多家门店，他把每家门店的"绝招"一一提炼出来：

"北京六里桥店的传菜岗托盘总是非常干净。有什么秘诀？首先，餐前，每个档口准备一条专用蓝毛巾，头一遍清洗干净后，用浓度30%的清洗剂再清洗一遍，半干备用；其次，要求传菜岗所有伙伴，用托盘传菜回来后，不管托盘是否有油渍，都用蓝毛巾擦拭一遍；第三，上述习惯，当区部长持续追踪检查15～20天，每餐做得不好的伙伴负责清洗所有下一餐用的蓝毛巾。还有六里桥店的岗会，不光有每个岗位的目标，更有完成目标的有效动作是什么，店长王大威都会一一和伙伴沟通清楚。"

"销售羊三香。北京公益西桥店会在顾客一进门的地方摆一排羊三香，小火慢炖，顾客一进门，羊肉香气扑鼻而来。北京西单汉光店传菜岗伙伴怎么上羊三香？端着羊三香，绕远路，围着区域转一圈，高喊三遍：'汤香、肉香、骨髓香，28号桌的羊三香上桌啦！'还有门店，先请客人免费品尝，也不强推，您觉得好就来一份，'三香引来众人尝'。"

"北京通州长楹店店长三德子，提高顾客满意度有技巧。寒冬腊月，5分钟给顾客加一次热水。5分钟巡台催凉菜，给顾客加一次热水，画一笔正字；10分钟巡台催热菜，再换一次热水，画第二笔正字……极致顾客体验都是设计出来的。"

一个季度下来，李学武总结了很多条绝招，制成PPT，在西贝系统内分享。一些方法，他要带回门店亲自尝试。

西贝裁判很辛苦。裁判督导（管理裁判队伍的岗位）王健有个季度在华东做裁判督导，在华东10多个城市巡店，90天里，用了74张高铁票、3张机票和1张大巴票，最多的时候一天跑5个城市。

西贝赛场成本不低。王健说，全国前厅、厨务共400多名裁判，每名裁判一个季度下来，直接成本有2万。直接财务成本，2016年大数3000万，2017年大数5000万，2018年直接成本6000万，间接成本高达1个亿。为了公平、公正，赛场一切费用全由西贝总部支付。

裁判机制是对西贝干部一种独特、有效的轮岗培训。贾国龙说，一名干部在裁判员岗位上轮岗时，他会从另一个角度体验、评价、交流、学习门店的各项价值创造，因此他的能力会有极大提升。贾国龙觉得，拿出西贝营业额1%，培养一大批李学武这样的西贝未来顶梁柱，值！

李学武说，西贝赛场就是西贝的黄埔军校。他有一个目标，三年内成为西贝全国最优秀、赛场成绩排第一的支部经理，让贾国龙真正发现一条好汉。

集体迷失！

2016年到2018年，西贝从100多家店，扩张到300多家店的这3年，赛场是西贝的战略安排和底层管理逻辑。如今西贝在全国50个城市开有近300家门店，每家门店菜品和服务标准均保持较高水准，是全国每个商圈数一数二的餐饮品牌。对此，赛场机制功不可没。贾国龙多次信誓旦旦地对我说，西贝赛场是西贝优质、快速发展的组织保障，是服务业人力资源管理的一次制度创新，早晚会写进哈佛商学院案例库。

然而西贝赛场开赛后，因为工作强度陡增，组织内摩擦、冲突不断，经营成本增加，影响赚钱。很多干部叫苦连天，断定赛场只是"老板玩儿玩儿而已，至多玩儿一年"。一度，创业分部老大们还差一点让全国赛场夭折。

西贝赛场开赛后，整个组织上紧了发条。西贝每晚10点闭餐后都干吗？店内仍灯火通明，写值班报告，培训赛场标准；前厅准备第二天的"小六件"，牙签、湿巾不少于餐具数；后厨接货，择、洗、切、擦，准备第二天的备料。凌晨4点，还可能有裁判来门店，突击检查夜保、次日小料、灌装沙棘汁是否规范……这样的强度都是拜赛场所赐。

但更大的压力来自组织内的冲突。西贝赛场有一条著名的"三秒响应"考核，就是只要顾客在店内发出服务呼叫，三秒之内，必须有店员响应，如果没有响应，就会被扣分。三秒！西贝赛场有申诉机制，刚开赛时，很多被扣分门店向总部裁判部申诉：我明明三秒内响应了，裁判偏说我三秒内没响应。争执不下，闭餐后深更半夜，调出监控，查，耗死人！因为太累和太耗人，门店员工流失增加。

2016年底，时任西贝服务裁判长张丽丽的女儿婚礼当日，除了出席一下婚礼，当妈妈的举着手机，不停地处理全国各地门店的申诉，直到半夜2点。"天天在断官司，问完原告问被告，断得我快崩溃了。"惹得女强人张丽丽，这位50多岁的前西贝服务总教练哭了好几次鼻子。因为是其他门店的运动员当裁判，有的店长捏着拳头，想打裁判的心都有：

"他,就是成心给我打低分,等有一天我们去裁他们分部……"

"好失望,西贝不该有复杂的人事斗争。"这样的声音也冒出来。

2016年,贾国龙也会收到这样的匿名短信:"如今西贝店面多了,各种浪费,各种费用,却不如以前赚钱了;顾客多了,感动少了,A+店出来了,真正的顾客体验没了;我们的前厅裁判像法官一样盯着顾客,就为了完成自己的调查报告数量;店内三剑客(店长、厨师长、服务部经理)只在乎裁判,因为裁判的分数决定了自己本季度的排名。难道营业期间全员的关注点和重点不应该是顾客吗?贾总,如今的西贝真的只要高分,不要感动,不要赚钱吗?"

赛场之初,真正的挑战还不是对一线门店,是对分部老大。西贝多年"野路子","放养"惯了,赛场突然一"统",对分部老大,对贾国龙都是挑战。

"非常大的撕裂感。"齐立强说,"一开始,老板不是为了赛门店,是为了赛我们。"说得没错。分部间如此激烈的竞争,全国门店大排名,哪有过的事?2016年夏天,贾国龙在洗手间里碰上周昕,问:"赛场感受如何?"

周昕说:"最高兴的是门店动起来了。"

贾国龙纠正道:"最关键的是你们老大动起来了。"

2016年,齐立强的华南分部在西贝全国赛场里成绩总是排名靠后,尤其客访最吃亏,南方顾客似乎比北方人挑剔,各啬打高分。每次季度会一公布成绩,齐立强团队总是灰头土脸。"我们在不同的区域经营,你可以比利润,但比其他的,怎么比?我还怎么开展工作?这不是逼我走?"作为西贝第一位创业经理,"华南王"齐立强对我说,真正激励他的,是得到贾国龙的认可,是他自己的"愿意",成天和别人PK来PK去,痛苦死了。

2016年12月31日,西贝赛场开赛整一年,13位分部老大和总部高管飞到海南三亚,本来是约定好年底集体度假,结果在海边开了一整天会,平日里"明争暗斗"的老大们这次空前一致,希望把全国大赛场"拆"成各分部自己赛的小赛场:顾客满意度、利润率等结果指标,全国统一赛;服务标准化、厨务标准化、团队成长等过程指标,分部自己赛,各赛各的。会后,有人把这个结果发给正在美国出差的贾国龙。几天后贾国龙回国,火速召集分部老大和高管开会,这些年脾气本已柔和许多的老板一上来就大发雷霆:

"三亚会议,是路线错误,集体迷失!"

不要活在新闻里

贾国龙说分部老大们集体迷失，主要是迷失在想以分部为单位竞赛，而不是总部统一建赛场。"一方面，有的小分部当时只有几家店，根本赛不起来。更要紧的是，西贝赛场的要害就是裁判异地派，互相监督学习。变成自己赛自己，自己监督自己，这个理我不认。"

2016年一年，西贝全国各地新开了63家店，家家火爆，口味、环境、服务都稳定在较高水平。中式正餐，能在全国各地开一家火一家的，屈指可数。为什么？中餐，后厨是手工业，前厅是服务业，彻头彻尾依靠人，依靠一个个活生生的人。这个行业，钱不难复制，野心不难拥有，最难复制的是一大批动力十足、训练有素的员工。西贝赛场，通过考核与帮带，大大提高了西贝生产和服务的标准化水平。2017年3月，中国连锁经营协会调研了几百家企业，对3000名西贝员工进行了样本访问，把"连锁餐饮员工最喜爱公司"颁给了西贝。

贾国龙妻子，西贝联合创始人张丽平说：

"为什么在同行眼里，在顾客眼里，西贝越来越好，但内部这样反对赛场？西贝连续开赛场沟通会，领导力培训也跟进，就是要让大家明白，这就是西贝要玩儿的游戏。非凡团队的非凡游戏，遇到困难，可以完善它，但不能退回来不走。难，所以是门槛，别人跟都跟不上，大家把这个坎儿度过去，就会越来越顺。

"强势领导者会找出对组织整体利益更有利的是什么，另外大家（主要指分部老大、支部经理）也都是股东嘛，西贝想在市场上真正有竞争力，就是靠这个游戏取得的。你不理解可以不参与，但你的店排名最后，你的管理组就面临更换或淘汰。"

在贾国龙眼里，干部"集体迷失"太正常了。

"集体迷失太正常了！为什么？**老板是拿着望远镜，能看到500米外敌人来了，但其他人只能看到100米外，说'没有敌人啊，我们瞎折腾什么啊'，这时候怎么办？靠信任，真的靠真实、信任的企业文化。**"

贾国龙是个急性子，但在组织建设上，他颇有耐心，懂得放长线钓大鱼。分部老大不是要"拆"赛场吗？说明他们还没有真正融入赛场。2017年初，贾国龙祭出一招：把全国赛场分为四大赛区：华北赛区、华东赛区、华南赛区、西北赛区。过去分部老大是"被裁"的，而这次，每个季度请分部老大做轮值裁判长。考核项目仍是全国统一赛,但四大赛区分别排名。轮值裁判长可以对赛场提出完善方案。这下,就不是总部出题"赛老大们"了,而是总部和分部老大一起出题,"赛一线门店"。

西贝赛场开赛近3年,其间规则修改无数,始终处于快速迭代中,这里无须赘述。重要的是,西贝赛场的管理逻辑是什么?我总结出三条:

第一条,出现任何问题、非议,西贝赛场可以不断完善、进阶,但不能停"赛"。

什么是西贝赛场的最大作用?防惰怠。贾国龙认为,人都有惰性。但人性里还有另一个字:赢,想赢怕输。如果不赛,就一定有惰性,就不会挑战极限。组织里最大的腐败是怠惰,防止怠惰的最好方法就是互相PK,即使一家西贝门店在所处商圈已经数一数二,仍然面临内部排名。

"咱们的赛场是多么有漏洞的一个赛场,但是大家最后为什么都基本服气呢?"回想赛场这几年经历的各种风波,贾国龙笑着说,"就是因为大家提前定好规则,愿赌服输。"

贾国龙有一句话值得玩味:不要活在新闻里。"新闻里什么最多?暴力、色情、八卦、战争。你如果整天关注新闻,这世界乱得简直没法儿活了,人怎么都这么坏呢?可回到真实世界，我们的周边生活不也挺正常嘛。西贝赛场也是，把负面的东西汇在一起，赛场简直该死。不要被小声音吓住，大家不要被一些具体的事卡住。说赛场里多么好的一个人被冤枉了，被冤枉了很正常，我们吸取教训，减少被冤枉的概率就行了，但永远无法杜绝。要算大账，因为赛场，西贝整体组织竞争力提升了多少？

"还有，喊苦、喊累。我们现在一线运动员压力大，辛苦，必须的，没这个压力怎么能成长呢？对年轻人最大的利益是成长，最大的喜悦也来自于成长。总说减少裁判员工作时间，为什么不换个思路，增大激励，给辛苦的裁判多发一份津贴呢？"

第二条，西贝赛场，千万不能赛"死"，要赛"活"。

西贝赛场的一个作用是"标准化"，稳定生产和服务的品质，把关于顾客体验、员工积极性的2000多个考核点"标准化"起来，但这只是最基础的一个层面。

2017年，西贝推出了一道凉菜：蒙古鲜奶皮拌芝麻菜。鲜奶熬制24小时后，表面凝结出的精华物质即鲜奶皮。西贝赛场关于这道菜的考核，有一条"鲜奶皮不能冰牙"标准。结果，到了门店，为了不被扣分，出现顾客投诉鲜奶皮"黏牙"。因为总被扣分，这道新菜后来夭折。

很多顾客喜欢吃西贝黄馍馍。赛场中曾有一条规定：黄馍馍出餐中心温度65摄氏度以上。怎么不被扣分？门店每出一份黄馍馍都要测一下温度，大大影响出餐效率。贾国龙说："这些都是小聪明的设计，不是智慧的设计，是办法，不是好办法。"

"老说我们要盯着顾客，不要盯着分数，胡扯！我们就是要让分数和顾客体验一致起来。"贾国龙反复强调，西贝赛场不是高考，不是应试教育，而是素质教育，要鼓励创新，赛创新点，可以加分。

贾国龙深谙管理的艺术："拧麻花"，既要"乱中求治"，又要"治中求乱"，就是让公司在稳定与不稳定、平衡与不平衡间交替进行，这样公司才能保持活力。"咱们行业内多少风光一时的好品牌，标准化程度很高，规规矩矩的，看着没毛病，最后呢？压制了创新，输啦！相反，外资品牌通常看不上咱们民营企业，野路子，不按常理出牌，但赢了，赢了才是硬道理！"西贝要标准化，但绝不能因为过于教条"规规矩矩死掉"，伤及组织活力的事要千万警惕。西贝赛场，要解决的就是标准化和个性化的统一。

第三条，起心动念，一定要正。西贝赛场，不是为了"考"谁，为了"治"谁，而是为了帮每一个人成长。

2017年上半年，有裁判教条，蹲在商场卫生间门口，举着手机拍照，检查西贝员工如厕后是否洗手。"这是文化问题，不能用这种吓人的方式找问题，裁判员和运动员的关系一下就对立了。"贾国龙说，西贝裁判不能选择做强管控型的"黑衣裁判"，西贝裁判的身份是既有管控，又有赋能的"裁判+陪练"，有时一餐是专门去"裁"的，有时一餐是专门"陪练"的。关键意图一定要正，一切都是为了帮门店。

贾国龙说："西贝赛场追求的是不断进步，是超越自我，是喜悦竞争的过程。起誓、对赌、放狠话这种复仇心理绝不适合西贝赛场。这些行为会扭曲运动员的心理，使其偏离赛场的正向轨道，最终脱离赛场。"

有些干部怠惰了，西贝赛场设计考题，考你，治你，这样的念头贾国龙也有过，但转念一想，这样做不正能量，也不会长久。"齐立强不要和李凤兰比，和过去的自己比，他在华南竞争力更强啦，2017年上半年利润比2016年同期增长了4倍，齐立强能不拥抱赛场？"

今天齐立强身在赛场中，不再有撕裂感。"如果换别的组织，像西贝赛场这么折腾，早玩儿不下去了。"他认为，西贝赛场能扎根，贾国龙的事业心起了决定作用，"老板没有别的想法，他就是要把组织管控起来，不存在对你小气。如果他有私心，组织早就崩了。"

西贝赛场的精神是比、学、赶、帮、超。比"贡献"，学"榜样"，赶"标杆"，帮"伙伴"，超"自我"。但说到底，超"自我"才是终极目的。

在每一个人进步的基础上组织整体的进步，这，才是最厉害的。

在西贝，无处不赛场

关于西贝赛场的逻辑，我再多说几句。

第一，西贝内部间的PK、竞赛，最终是为了成就西贝市场上的竞争力。这个道理，就是华与华创始人华杉说的"兵法的关键在于练兵，练兵的关键在于比武"。一比武，组织里的工作强度、生命活力就都上来了，就对抗了惰怠。

第二，赛场上，争的是工资、福利、年底双薪之外的"增量奖金"。贾国龙说，西贝竞争力的形成靠奖金激励。奖金原理就是论功行赏。西贝精英员工收入倍增计划，不是加工资，主要是挖空心思、巧立名目，创造性地设计出无数个奖金包，让大家来"抢"。贾国龙说："明明这个人给100万够了，偏偏多出100万让你去抢！"

贾国龙在西贝公开宣布，每年拿出自己50%分红，作为上半年、下半年、全年的赛场"喜悦奖"奖励团队（主要是总部团队）。2018年，计划发奖1.2亿。他还准备和分部老大约定，超过千万年收入的分部老大，每年净得1000万年收入以上部分的50%，拿出来作为"喜悦奖"奖励自己团队。

"只有节制股东利润，激励一线奋斗者，才能保证西贝长盛不衰！"贾国龙说。

第三，亲爱的读者，如果你是一名管理者，给手下评绩效、发奖金时，会不会经常感到很煎熬？"自己评价自己团队，有时候是最难的事，时间长了，不但员工不服气，还会有矛盾。"贾国龙说，每次他给十几个副总裁发奖金，都会纠结好半天。

上级评价人的局限性，还经常体现在一条：说一位部下"价值观不符"。贾国龙说："是吗？我要打个问号。也许不一定是不符合公司价值观，而是不符合你的价值观。我们的人习惯了管控，总要把人管住，但优秀的人不愿受管控。你评价对了，优秀的人向你靠拢；评价不对，人家用脚投票。"

而西贝赛场不是简单地由领导进行绩效评价，是让每一个员工都感受到，平时的工作都处在与他人的竞赛之中，有裁判评价，有排名与奖金。西贝赛场好比微信里的每日计步，假如高泽平走了4万步，看见第一名的王龙龙走了5万步，他就知道再走多少步就可能超过王龙龙。时时刻刻知道自己的成绩，知道自己和别人的差距，这样就实现了自驱动。

管理学家包政说，任何人都不可能是"客观公正的化身"，企图依靠个人意志和主观评价来决定他人的命运，用不了多久，必然"豪门多权贵，高官无寒士"。因此，必须导入"市场竞争法则"，使每一个成员都处于"无依赖的市场压力"之中。依靠市场竞争的压力与机会，激励与约束成员的行为，牵引或迫使每一个人成长。

"赛"，是西贝管理的底层逻辑。在西贝，无处不赛场。

赛场是一种"玩儿"，有点游戏精神。到外面吃一顿饭，贾国龙也常要同桌伙伴猜："今天咱们这桌饭多少钱？"猜得最离谱的，给猜得最靠谱的现场发100元微信红包。

赛场真正的作用是，通过竞赛导向员工自我驱动，使员工能够做到"无须扬鞭自奋蹄"。西贝每季度一次大会，近千名干部参加，解读赛场成绩，分享经验，彼此赋能。2017年三季度会前一天晚上，贾国龙琢磨，报告质量决定赋能效果，如何让报告质量更高？他临时召集干部开会，即兴决定，从本季度起，给所有报告者PK、排名、发奖。季度会三天，每天25

万奖金，现场投票，每个报告者都有奖，第一名奖金5万！有干部质疑，一个店长辛苦一个季度得A+，奖金也未必有5万，分享一次报告拿5万，疯了？贾国龙说："你这是降价思维，降价思维就是偷懒，而提质远远比降价难。今天夜里加班，还不知道加到几点呢。我们能不能换个思维，能不能把一次报告提到值5万？"

我们在工作中经常面对两条路：一条路是降标准，一条路是长本事。贾国龙常常敲打干部，非凡的组织就是要驱动人们迎难而上。

会后，我和贾国龙散步，他说："人性都是求舒服，我也是。但人性还有另一面，就是争强好胜，想赢怕输，打牌、打麻将都是。今晚决定这么一'赛'，大家做报告，就不再是为了完成领导任务，而是克服千难万险，自己去创造一份报告。这比天天要求他，揪着他，审他的报告，天天跟他生气好玩儿多啦。"

贾国龙说，制定游戏规则，造赛场，激活团队，是西贝干部的必备素质。

他拍拍我的肩膀："哎呀，我现在是一身轻松，等着瞧明天的好戏吧！"

如何处理一次严重的客访造假

真实是西贝赛场的生命线，真实的挑战也最大。

因为大部分裁判员来自门店，这个季度裁你的门店和分部，或许哪个季度就会被你的门店和分部裁。西贝内部又多师徒、亲朋。为防作假，总部裁判部绞尽脑汁，比如每晚12点后，裁判督导才把当天裁判去哪家店的信息单独发给裁判，每天哪个裁判来，裁什么，都是当天裁判到了门店才知道。凡泄露信息、赛场作弊者，亮红牌一张，累积两张红牌，从西贝开除。

即便这样，西贝赛场仍发生了严重的"客访集体造假事件"。

当时因为几件事，赛场变得更"刺激"了。

2017年10月11日，贾国龙决定暂停研发两年多的西贝快餐项目"麦香村"。次日，他把精力转向西贝赛场，决定加大赛场奖金分配力度，进一步激发一线员工。新分配方案中，总奖金包翻了3倍，玩法也变了，过去是门店根据赛场成绩从自己门店提取奖金，新方案则是各门店按一定比例把奖金放到全国大池子里，成绩好的门店可以"抢"走成绩差门店的奖金。

另一件是线上客访，如果顾客打满分10分，问卷中又增设一项：如感觉超级棒可加一颗星，再加10分。于是，有的员工在自己门店买个黄馍馍，喝瓶酸奶，然后给自己门店打高分。自评价在赛场属于作弊行为。别的门店知道了，不惜铤而走险，纷纷效仿。

2018年大年初五，员工举报后，总部裁判部调出后台数据一查，2017年第四季度、2018年第一季度，全国200多家门店，只有25家没有查到客访造假。

2月28日，总部裁判部召开"打造真实赛场"会议。"真实"是西贝核心价值观，看着大屏幕上一串串店长、厨师长、服务部经理、部长客访作弊的记录，台下百余名干部一脸凝重，偷偷瞟一眼老板，站在台下的贾国龙，面色铁青，若有所思。

天哪！"真实：讲真话，玩儿真的"可是西贝一条核心价值观。此刻，如果你是贾国龙，你会怎么办？是大发雷霆？还是发起整风？

贾国龙开口：

"昨天看到结果我也很生气，也想大面积抓赛场作弊，但我今天不想上纲上线。我现在想明白了，赛场就是个博弈。西贝要有更高水平的手段，让造假大大下降，但不是杜绝。永远杜绝不了，这是事实。奥运会，全世界运动员不惜冒伤身体、终身禁赛的风险，兴奋剂、违禁药物屡禁不绝，现场不是用不用兴奋剂，而是我用了兴奋剂还让你查不出来，魔高一尺，道高一丈。西贝赛场也一样，如果有高水平黑客，一个人就可以操纵赛场成绩。这就是真实的赛场。

"所以今天我为什么不想拿道德说事，因为说不通，真说不通。西贝的价值观是真实，但真实不是代表多么高的道德水平。一定要用真实的心态解读真实，就是永远达不到百分之百真实，但我们尽可能追求真实，这才是真实的心态。昨天我也想，把作弊的干部该牺牲就牺牲了。但不能到那一步，那是我们高级干部的不作为，我们本来就有漏洞，全是人家的问题吗？"

贾国龙请分部老大纷纷上台，老大们表示很自责、沮丧、纠结。整个会场气氛很沉闷。

贾国龙说，我们千万不要开成批判会、认错会，表决心不解决根本问题。

"有什么沮丧的呢？感觉面子挂不住？我比哪个老大作弊还厉害。你没发现博弈、犯规也是比赛中好玩儿的一部分吗？你没发现作弊者还有一点上进心吗？平昌冬奥会，裁判员明显偏向韩国选手,比赛不赛了吗?冬奥会不办了吗?因为西贝赛场问题层出不穷,我们几次要罢赛,如果不赛,西贝全国200多家店用什么抓手来管?我最怕赛场上的人变成一群清教徒,不好玩儿了,最后没法儿赛了。任何一种方案,你就评估利大还是弊大。不要活在遗憾里,不要那么沉重。"

我想再次重复贾国龙几句话,因为它们都是管理者会真实遇到的问题:

"不要上纲上线拿道德说事,因为说不通。"

"真实不是代表多么高的道德水平。"

"我最怕赛场上的人变成一群清教徒,最后没法儿赛了。"

贾国龙内部开会时,反对干部们动辄拿道德说事,或者争当所谓的"道德楷模"。西贝内部开会经常PK、发奖,2018年夏天有一次"产品老板模拟创业报告PK",获得第一名的小组奖金6万。发表获奖感言时,获得第一名的组长是一位刚加入西贝不久的新干部,表示要把自己这份奖金捐给自己所在的小组。贾国龙当场制止了这个做法,他讲了一个《子贡赎人》的故事:

鲁国有一道法律,如果鲁国人在国外见到同胞沦落为奴,只要能把他们赎回来,就能得到国家的补偿和奖励。孔子的学生子贡不差钱,把人赎回来后不向国家领取金钱。这件事传开了,孔子找到子贡说:"子贡,你错了!如果人们都以你为榜样,今后就很难指望人们赎回落难同胞了。"

贾国龙不愿意站在道德角度评价人。他说:"毫不利己,专门利人,这不是人,是神。"他还说自己到今天也不是不图回报,也做不到彻底无私的爱,**所以做企业老板别唱道德高调,道理说得太高大上就难免有点矫情、虚伪,首先要回到真实的自己、真实的人性。**"最怕老板说一辈子假话,把利他说成为利他而利他。"他这样解读上面的故事,"表面上看你很有境界,'道德楷模',其实破坏了规矩,所谓的'道德楷模'经常会破坏社会进步,所以不要轻易当'道德楷模'。"贾国龙对那位干部说:"你带头不要可好,别人心里怎么想?心里想要,嘴上只能跟着说不要,企业文化会很麻烦!"

"**人啊,绝大多数都是俗人。人们在西贝平台奋斗来奋斗去,最终获得了什么成果?这才是重要的。**"有一回,贾国龙在电话里对我感慨,"我自己也是俗人,所以也理解俗人。"

回到"打造真实西贝赛场会议"。贾国龙表态后,大家现场讨论解决方案。除对作弊者通报批评外,几条:技术上规避客访作弊行为;取消客访"再加星加10分"设置;2018年1月、2月客访成绩作废,以3月成绩作为第一季度成绩;今后再有作弊者，立即除名。此外，客访造假反映出，一线干部的收入几乎全部来自赛场，一名店长一年得4个A+，年薪可以翻倍到36万，还可以得到两张开店牌照，因此他们必然死盯赛场成绩。今后，是否可以从每天公布成绩变成每周公布成绩，每天只暴露门店出现的问题点和鼓励创新行为？

总之，贾国龙不许干部们一出现问题就低头认错，就找态度上的原因。

西贝学习实践精益管理多年，形成西贝自己独特的精益管理方法"红冰箱工作法"。西贝门店曾在每家门店里都有一台一人高的红冰箱，所有有问题、被投诉的菜品，都被放进红冰箱内，每晚闭餐后进行复盘。红冰箱工作法是一种解决问题的思维，包括五个步骤：暴露问题，界定问题，寻找真因，持续改善，员工成长。最终的目的是让员工成长。

贾国龙说，丰田式管理的目的，不只是要造出好汽车，更是要造出好人，让丰田的人天天有进步。西贝也一样，西贝的"红冰箱工作法"，就是通过暴露问题、界定问题、寻找真因、持续改善，让队伍成长。"天大的错不罚款""追真因重于追责任"，就是把人的成长当成目的，不惜代价。

这种管理是很难的。"它很慢，我们每天的红冰箱会议，屁大点儿事儿，找真因就找2小时，明明知道他错了，把他揪出来，让他认个错，罚5块钱不就行了吗？但处罚文化只能掩盖问题，变成猫和老鼠的游戏，不能解决问题。就像这次客访集体造假，必须让犯错员工跟着一起找解决方案。他自己找到了，今后就不再犯这个错误了，他就成长了。"

"成长是会上瘾的。"

一切为了赢！

读了这么多西贝赛场的故事，如果你认为西贝绩效考核的秘籍"始终是"主要考行为而不是结果，门店一线员工轮值当裁判——很抱歉，你错了。

2018年上半年，西贝营收持续增长，但费用升得更快，门店净利润较2017年有所下降，特别是同口径堂食客流增长比前一年同期掉得厉害。其中当然有全行业都遇到的麻烦：居民消费增速放缓，一线城市餐厅数量激增，供求关系发生了逆转。但企业改变不了环境，如马云对老板们说的，"你连你妈都改变不了"，企业只能改变自己，一定是有些事情企业自己做得不够好。

究其原因，几年来，贾国龙和核心团队的很大一部分精力都投入在西贝五代店模式的探索中,对西贝莜面村优化升级关注不够,多次推出爆款产品不成功,直到2018年底蒙古牛大骨上市,才让西贝菜单上出现了一道具有叫客力的新菜。在管理上,为西贝在高速扩张期保证门店品质不降,立下汗马功劳的西贝赛场,此时出现了僵化的迹象。

7月,西贝半年会,3天时间聚焦一件事:赛场突破性进阶。听一位负责赛场标准制定与执行的干部汇报时,贾国龙捕捉到问题所在:"西贝赛场快3年了,如今掉进了细节的坑里,管理学有一个术语叫'专业陷阱',考核行为的标准越来越多,越盯越细,如果细到门店没有一点点自由行动的能力,赛场就失败了。"

之前有位店长就对我说:"贾老师,现在赛场标准越来越细,谁还有工夫抓生意?"

还有人说:"海底捞的员工围着顾客转,西贝的员工围着裁判转。"

更戳心的话是:"如果西贝挣不着钱,西贝高投入、高产出、合理利润的游戏还怎么玩儿?!"

贾国龙说,如今赛场导向门店一线做了很多不产生经营成果的无效或低效动作——假动作,而且投入巨大。2018年西贝赛场各种成本1个亿,花大钱不出活儿,这削弱了西贝在市场中的竞争力。当时俄罗斯世界杯激战正酣，贾国龙让大家想想，一场球赛的最终成果是什么？完成多少次过人？在场上奔跑了多少公里？守门员做出几次扑救？还是进了几颗球？都不是，最终的成果就是赢！

西贝赛场的宗旨一直是"盯住过程要结果"，赛场主要考行为而非结果。西贝赛场三年了，贾国龙也在重新思量这件事："一开始赛场考行为，那时人们还不知道怎么作弊呢，后来普遍造假，怎么办？惩罚造假？拿道德说事？得想清楚，什么是造不了假的。利润能造假吗？客流能造假吗？"

半年会上，贾国龙提出"正动机，训行为，考结果"，西贝赛场下一步进阶方向：更多导向考核结果。

9月，贾国龙在一次干部集体学习会后，当着100多名干部的面做了一次更深刻的公开反思，触碰到西贝的底层逻辑：

"赛场3年了，我们一直回避营收、利润等结果指标，心想整天谈钱，我们是不是太俗了？我们一直讲'因上使力，果上随缘'，还有'菩萨畏因，凡夫畏果'。多美好的词儿，结果自己真把自己当菩萨了。现在越来越品出味儿来了，人们在某一时点上会跳出一些菩萨的念头，但说到底，我们还是众生，反正我自己就是，天天还在为结果而忙碌，结果才是最有说服力的……我们做一个有情怀的生意是可以的，但本质还是一盘生意。一个生意人，生意做不好哪儿来的人生喜悦啊？

"昨天一天课我收获最大的是一句话，老师讲大型连锁商业的制度假设是人性本恶论，这句话对我刺激挺大。贾林男课后问我，西贝的制度设计是人性本善还是人性本恶？我说没想过，稀里糊涂，有时候觉得'本善'，有时候觉得'本恶'。当你没区辨清楚时，你的制度设计一定是打架的，经常打架。比如西贝赛场坚决不准处罚员工，但咱们开会迟到的，我要他发红包，这算不算处罚？我们说赛场'前边有肉，后边有狼'，每家门店拿出一定比例的钱放到奖金池中互相抢，拿利益诱惑人，这到底是善还是恶？

"其实我想表达的是，别把自己想得那么高大上，真的，我们经常把自己想得过于高大上。西贝赛场还是要回归到真实的人性上来。真实的人性'本恶'还是'本善'？我认为王阳明致良知的'四句教'把这件事说透了：无善无恶心之体，有善有恶意之动，知善知恶是良知，为善去恶是格物。"

会后贾国龙跟我说："一个人也好，一个组织也好，有意思的地方就在于，在学习实践过程中不断区辨。完全搞明白没有？不一定，只是比原来有更深一层的认识，仅此而已。"

底层逻辑想通了以后，2018年底，西贝推出了基于每位员工经营成果的"全员在线绩效系统"。这是一个"在线化"

的西贝赛场：从前厅到厨房，把员工的行为、成果、评价在线化，每个人每天干了多少活，顾客反馈怎么样，自己每天挣了多少钱，在全国同岗位排名第几，拿起手机一看，全都记录得一清二楚。管理最难的地方是对人作出精准评价，"全员在线绩效系统"实现了对一线员工精准评价，整体提高了每位员工的积极性和西贝的人效，北京财富中心店一个区域从过去3名散服降到两名，每人月收入能涨1000多块钱。

西贝赛场担负的作用，则更多转向帮助门店"抓红线"和"守底线"，为公司生产、服务、食品安全、品牌形象等保驾护航，把更多的经营自主权交给门店，激活一线的创造力。2019年，裁判从轮岗制改为总部和分部派出教练组"帮裁一体"，门店之间也不再互相"抢"奖金。时长3年，让裁判员与运动员轮值、"互搏"的西贝赛场，阶段性地画上了句号。

研究西贝，有一个词无法回避，那就是"折腾"。"折腾"可谓西贝的法宝，在坚守战略方向的前提下，一切都是快速变化，以变应变。2019年1月西贝干部述职会上，西贝监事王庆祥有感而发，写了一首打油诗《狂奔的西贝》，可谓西贝人的真实心声：

刚刚学会了，

又说不对了。

说的不变了，

下回又忘了。

正说要干了，

又该开会了。

以为熬成了，

一切都变了。

3年时间，西贝赛场从主要考行为，回到重视结果指标。看似付出巨大成本，兜了一个大圈子又回到原点，两万多人的队伍反复试错，过程中晕头转向，叫苦连天，实则完成了西贝在高速扩张初期的系统搭建，通过裁判轮岗锻炼出一大批储备干部，同时实现了西贝生产、运营标准化的"惊险一跃"。

在餐饮行业，中餐标准化是一个世界级难题，很多餐饮老板私下请教贾国龙：西贝一个中式正餐炒菜品牌，如何做到全国300多家店菜品质量稳定的？西贝赛场居功至伟：首先有标准，然后全员熟悉标准，更重要的是全员执行标准。贾国龙说，西贝接下来进军快餐更考验标准化的能力，从此，西贝至少不怵标准化了。

贾国龙老家河套人形容一个人死板、教条，说"这个家伙，死球一计"。做企业哪能"死球一计"！西贝赛场3年多的演进，对企业家的真正考验是审时度势、以变应变。抓住每个时期的主要矛盾和矛盾的主要方面，敢于自我否定、自我批判是其中最关键的一门功夫。毕竟，管理是一种实践，唯一验证其有效性的就是成果。正如内部开会时贾国龙常在纸上写下的几个字：

"一切为了胜利！"

· 第六章 ·

为梦想而活,才不累!

好多人活不出来，是因为从没为自己活过

活了32年，秦勇军也没向父母打探过自己的身世。秦勇军，莜面之乡内蒙古武川人，是家里唯一的男孩，上有3个姐姐。十几岁一天，他听到街里街坊说自己是"抱"来的，回家问娘，娘伤心落泪。秦勇军内心翻滚，明白这是父母心中一道不愿揭开的伤疤。他强压住自己的好奇心，决心在父母有生之年，这道伤疤，永远不碰。

一种挥之不去的负罪感始终缠着秦勇军。"没有血缘关系，他们还那么宠我，有好吃的都先让我吃，我就觉得深深亏欠他们，我应该加倍报答他们，所以在成长的路上，对自己就特别苛刻。"秦勇军跟自己较劲。高三住校，食堂一顿饭三四块，秦勇军偏要批来两箱方便面，早、中、晚，一袋五毛钱的

泡面吃一天。这样委屈自己，上瘾。"我宁愿别人欠我的，也不愿自己欠别人。"

秦勇军来西贝美食艺术学校招生，当年有一句招生口号很打动人："做西贝厨师，吃香的，喝辣的，娶好老婆。"2015年是西贝"好吃战略"元年，需要一支庞大的工匠厨师队伍。5月，贾国龙突然下令，一个月内，全国面试1万名厨师，选拔100人补充进西贝工匠厨师队伍。一个月通宵面试，秦勇军他们真把任务给完成了。6月15日，本来是第一批西贝工匠厨师特训营开营，前一天晚上贾国龙喝酒，借着酒劲儿心血来潮，说：咱们干脆办个大学吧！西贝大学就这样诞生了。

成为西贝大学华东分院院长后，秦勇军觉得西贝多年栽培了自己，自己工作出点小差错，就会自责、紧张、胆怯，对团队也容易苛责、埋怨。

"他能压制自己的身世，怕伤害别人，你就想他得是多么为别人而活的一个人。"秦勇军的上级、西贝大学校长贾雨春懂这位部下，"好多人活不出来，是因为从没为自己活过。对他们来讲，不要活在道德枷锁中，学会爱自己才是最大的能量。"

你会爱自己吗？很多人不会。2012年，贾国龙给7岁的女儿写了一封信：《我希望我的孩子成为怎样的人》。信中说：

"在普通平凡的日子里，弄明白独一无二的自己。开了这一窍，自爱入正道。你会在无比幸运之中珍惜'我'的来之不易……一个连自己都不爱的人怎么会爱工作、爱生活呢？"

2015年西贝大学成立之初，贾雨春倡导干部们买衣服。当时秦勇军月收入刚过万，半年花了七八千置办"行头"。此前，秦勇军没穿过300块钱以上的鞋子，这次买的是七八百一双的纽巴伦。从头到脚一身新装，站在讲台上给学员们分享的秦勇军感觉，自己变成了更好的一个人。西贝送秦勇军到台湾上圆桌心灵成长课，4天2万，课后秦勇军激动得不行，又自掏腰包3万，给自己和媳妇报了下一次课。"我给自己定了个目标，2018年个人财务收支正负为零，"秦勇军说，"我要投资自己和家庭，这样才会让自己更有价值。"

贾雨春说："人在不同时期会麻木，西贝大学就是要持续唤醒一个人的基本潜能。"西贝大学被誉为"魔鬼训练营"，4天高强度脱产培训，意在培养基层员工的五大素养：勤快、认真、踏实、干净、喜悦。所有新工匠厨师入职两周内，必须送西贝大学培训，所有工匠厨师和前厅训导师、部长等岗位员工，每年还必须"回炉"西贝大学进行一次脱产培训。

此外，西贝大学还是一个淘汰人的"筛子"。不论在门店工作中表现如何，培训期间，如果发现五大素养有严重问题，如卫生扫除中总是手脚缓慢，淘洗抹布盆里的水长时间不更换，或行为与西贝核心价值观——爱、真实、负责任、荣耀承诺等不符，就拿不到毕业证。西贝大学每年轮训上万人，淘汰率在10%～15%之间，贾国龙的一位亲戚也曾被淘汰。被淘汰者，还有一次自费复训的机会，如果仍拿不到毕业证，就只能离开西贝。

华北央厨有一位叫姬凤铃的50多岁老大姐，在西贝大学期间担心被淘汰，表现很积极，但不识字，很多课程确实完成不了，眼看要被淘汰，急得不行。4天课程结束，秦勇军找到姬凤铃："大姐，你想不想有成长？"

大姐说想。

"那我们就从认字开始。"

"哎呀，我老了，哪还能认字呢？"

"这样，我先把你的毕业证留下，但不是淘汰。如果你要能坚持半年，每天在纸上写两个字，写50遍，微信拍照发给我，我就把毕业证给你送去。"

秦勇军从姬大姐发来的照片中，看出她一路写字的艰辛。一开始，自己名字都写得歪七扭八，半年写下来，很多词都写得工工整整。

贾雨春、秦勇军深知，西贝大学的使命正是通过课程，通过老师和同学们的一对一谈心,激活姬凤铃大姐这样的西贝基层员工内心的梦想,通过激活梦想来成就人。2008年贾雨春加入西贝时,贾国龙送给这位校长一块牌匾,上面只有八个字:误人子弟,天诛地灭。

来看看西贝大学如何让基层员工成为一个更好的人。

周浦万达店史颖超说:

"来西贝大学之前,我被自己的情绪困扰,很抗拒、反感来学习,第一天表现也很懒散,不积极,与人沟通时也处于不耐烦的状态。老师晚上找我谈话,我说无所谓,能毕业就毕业,不能就算了。老师问:'你心里是不是有事儿?'我不想说,后来在老师再三追问下,我说出我的困扰,老师听完没说话,只是站起来,说:'我抱抱你吧。'然后给我一个深深的拥抱。我的眼泪一下子从眼眶里流出来了,后来我们聊了很多。第二天我开始投入,积极发言,主动与同学交往,到晚上我整个人都轻松了好多。"

汇通牧业李鹏说:

"在第三天的扫除力课程中,我和伙伴们进行卫生打扫。我负责擦一个窗台和窗框,在窗框的最里端有一个死角,我尝试用手擦干净,但手够不到,我想想算了吧,已经擦得很干净了,于是就去打水洗抹布。路过一个窗户,有个伙伴也在擦那个死角，我心想他也差不多就会放弃吧，但他一个动作让我吃了一惊。他趴在窗框上，用力一吹，顿时尘土飞扬，这位伙伴没放弃，一点点把死角'吹'干净！我愣住了，我在想，为什么他可以做到，我就做不到，这就是老师说的骄傲之心吧，我应该把自己骄傲的心放下，认认真真地把死角打扫干净。把一件事做到极致，这才是一个合格的西贝人。"

李景文是一名被西贝大学淘汰的学员，他谈到来西贝大学的感受：

"5月3号我接到通知，说让我下周一到西贝大学报到，当时我的第一反应就是给领导打电话，问西贝大学是什么地方，可不可以不去？他告诉我，没商量，必须去！一到校我就想走个过场嘛。第一堂是扫除力课程，我想这有什么用，无非就是个打扫，是个人都会。我抓一堆抹布一起去清洁，任老师看见了，说，这样清洗抹布，能确保工具干净吗？我就想这有什么，不就是洗一下嘛，怎么样不是洗，真麻烦！

"第二天的'线中球胜'才让我心里有了变化。游戏中，所有伙伴的心随着一颗小网球起伏、跳动，失败再来！失败再来！没有人放弃。当我们成功地将网球放置到啤酒瓶上，柴老师宣布游戏成功的那一刻，我第一次明白了什么是认真，什么是感动，什么是喜悦！

"晚上，任老师把我叫到教室外，问我来大学感觉如何，我说还好。可当她跟我说起我在课程中的表现：水脏了还不换，符合勤快吗？站在外围看，不参与团队展示，符合认真吗？觉得能拿到毕业证书吗？我当时就蒙了，第一次认识到了自己的问题。当我把不能拿到毕业证的消息告诉老大时，他问我现在怎么想的。我说这次学习让我看到了自己眼高手低，眼里没活儿，面对自己不愿意做的工作总是敷衍了事，这次回去后，我要从清理卫生开始，认真对待自己的工作。"

2018年，西贝大学培训总数15 000人次以上。一次培训，4天课程，不算路费、照常发放的门店薪水，每位学员直接成本在1100~1200元。西贝大学建有华北、华东、华南三大分院，都是很考究的建筑和教室。也许你会问，堂堂西贝"大学"，花这么多钱送员工来学习，不教厨师怎么把饭做香，不教服务员怎么更好服务顾客，怎么整天搞什么心灵成长？分部老大齐立强就在高管会上提出质疑："西贝大学老师确实很用心，但根本没有解决我们业务中的实际问题！"

"齐立强提了一个伪需求。"贾国龙起身果断纠正，"别把西贝大学当成央厨，生的进来马上加工成熟的。解决实际问题，我们有训练部、标部。西贝大学就是基于人的成长，就是不要立竿见影。"贾国龙还要加大培训力度，每年，每位基层员工有15天在西贝大学带薪脱产培训。"就像干部们上台湾圆桌的课,每次上完都激动得不行,回来3天打回原形,怎么办?没关系,继续上!"

贾国龙坚持,西贝大学就是"不务实,只务虚",不碰具体业务,而是通过几天课,改变人看待世界、自己和他人的角度,用分部老大周昕的话讲,"打开人生的另一扇窗"。因此,西贝大学堪称企业大学中的奇葩。

贾国龙说,世界上绝大多数公司只靠金钱激励员工做事,而伟大的公司由使命驱动。如果组织里每个人都能找到自己的梦想,这个梦想与组织使命的方向一致,然后公开说出你的梦想,大家相互成就,共同去追梦,那就是非凡组织。而西贝大学就是激活基层员工的梦想,实现员工心灵成长的一个"场"。

秦勇军的使命,正是激发更多西贝基层员工的梦想。他参加过思八达创始人刘一秒的一场培训,那次体育馆内挤满了1万多人,他说自己经常给100人讲课,未来10年,他一定要有一场属于自己的,给现场1万人讲课的机会,点燃1万人的梦想。

一年前,秦勇军改名秦歌。我猜,他是希望每个人都活出自己独一无二的美,就像蒙古草原上的民歌那样明朗,那样悠扬。

公开提出"年入千万"目标后,贾国龙这样回应

"人与人之间最大的区别是什么?"

2017年岁末,正和岛商学院访问西贝,西贝总裁贾国慧提出了这个问题。她自问自答:"每个人所获得的资源不同。"

"那什么又是一个人最大的资源?"

权力、财富、人脉、机遇?

"不,梦想是一个人最大的资源,每一个人都值得拥有。"

贾国慧对在座的老板说,每个创业者都有自己的梦想,或者是为了改变世界,或者就为了生活过得好一点,让家族以自己为傲。"对于梦想这个最大的资源,大家想想看,你作为老板拥有了,那么你的员工、伙伴们拥有了吗?"

西贝有2万多员工,他们有没有自己的梦想?

李凯,西贝普普通通的一名烧羊棒厨师,17岁加入西贝美食艺术学校,今年27岁。他在西贝"梦想启航"上海站分享时说:

"什么是梦想?夕阳西下,与爱人手挽手散步于临街小

道，或者睡到自然醒，拉开窗帘，迎接中午的阳光，抑或是拿到工资时候的满足感，再或者是与父母一起安度他们的晚年？但这不是我的梦想，轻易达成的不叫梦想，梦想是狂野的，是倾心而为才能达成的，达成后可以让你流下激动的泪水的，那才叫梦想。

"3岁那年，夏天的一根冰棒，那是我的梦想；

"10岁那年，同学手中的哈根达斯是我的梦想；

"15岁那年，哥哥一头飘逸的长发是我的梦想；

"18岁那年，班花旁边空着的座位是我的梦想。

"带着青春的羞涩，我加入了西贝。

"第一年，我的梦想是烧羊棒烧烤后那一抹酱红色；

"第二年，刀与砧板碰撞后那一根根火柴般的土豆丝是我的梦想；

"第三年，炒灶师傅夏天湿透的工衣是我的梦想；

"第四年，明星员工一饮而尽的那碗西贝红是我的梦想；

"第五年，厨部主管那一本颜色发黄的点名册是我的梦想；

"第六年，忠诚员工那一块沉甸甸的银牌是我的梦想；

"第七年，厨师长工衣上金色的刺绣是我的梦想。

"直至今日，我的梦想仍然在变，不变的是我敢于梦想、渴望拥有美好事物的决心以及信念，激活本能、乐在其中，全身心投入爱，并拥有制造梦想的权利。梦想一直在变，创造梦想的初心不变。"

"我希望西贝是个圆梦园，开饭馆仅仅是一个工具，实质是帮人圆梦。"贾国龙说。

如何激励几万名厨师、服务员发自内心，充满热情地工作？贾国龙自信，"帮人圆梦"四个字里，有驱动大组织的独家法门。

建立一个梦想驱动的组织，贾国龙受到思八达创始人刘一秒影响。刘一秒虽然备受争议，但有一个观点深为贾国龙所认同：老板的梦想就是成就员工的梦想。刘一秒认为，老板就是搭一个平台，点燃和拉高员工的梦想，然后帮你的员工实现梦想。你能成就多少人的梦想，你的事业就有多大。

贾国龙说："西贝要打造一个赋能平台，你原本不能，但这个平台让你能。个人的欲望、激情、创造力，就成为首要的发动机。在这样的平台上，每个人的梦想实现才是目的。"阿拉丁神灯的故事里，巨人对阿拉丁说："你的愿望，就是我的命令！""这句话对我太有力量了，**每个西贝人的愿望就是命令我的，就是命令西贝这个组织的，我就要为你创造条件，让你去实现梦想。**"

2017年9月，西贝在成都考察市场，入夜，贾国龙召集干部们分享自己的"私人梦想"。贾国龙说,梦想一定是很私人的东西,所谓私人梦想,某种程度说就是现阶段你最大的私心是什么。他让大家把自己心底最真实的渴望当众说出来。贾国龙率先分享自己的私人梦想:"打造一家中国最大的餐饮连锁企业,在世界上有影响,与星巴克、麦当劳同量级,保证自己的江湖地位,让家人因自己而骄傲。"后来贾国龙自己也说,这个表达太露骨了,未必最有力量,至少不够美。但这就是很真实的表达,一个老板当众对部下这样袒露内心,少见。

首席体验官马燕说,自己3年后想去澳大利亚开店,贾国龙当场把开店牌照提前发给马燕。

周昕分部二把手、总厨孟德飞说,眼看自己的师弟们都成为分部老大,在全国市场开疆拓土,自己不甘当"千年老二",贾国龙听后,当场圆了他的"老大梦",决定让孟德飞成立独立部队,试验西贝新业态。

李展春,前麦当劳上海区高管,加入西贝6年,现为负责西贝营运的高级副总裁。他说希望自己三五年后,年收入千万,实现财务自由。贾国龙说,这件事只要说出来,就和他有关了,他就有责任帮你实现。

"西贝百亿时,如果你的收入还不到千万,分配机制是不对的。"贾国龙对李展春说,"原来是我要给,现在是你自己要,这个关系就美好了。记住,千万别认为是我给你的。这是你自己换来的,一定是拿你所有,换你所要,这样你才有成就感。否则变成老板施舍的,那关系就不对了。"

一年多后的2018年底,李展春约贾国龙单聊。出乎贾国龙意料,李展春要去创业,提出辞职。

"这可是个大决定,"贾国龙顿了顿,说,"那你这块工作交给谁合适?"

李展春有备而来:"从外面引进一个高管很难。两个方案,或者交给慧哥(负责西贝菜品生产的张慧),厨房、前厅前后场打通;或者交给一位分部老大。"

"前后场打通!"一句话让贾国龙豁然开朗,他迅速把情绪从对高管离职的不爽转移到发现新机会的兴奋。多年来,西贝厨房菜品、前厅服务两大部门由两位高级副总裁统领,始终没有一位真正的首席运营官领衔。贾国龙说,前后场因为有李展春、张慧两员大将分别镇守,自己也没认真琢磨过前后场打通这件事,因此贾国龙马上意识到,前后场打通后,西贝实现的不是运营效率的优化,而是更重要的结构效率的优化。

真是"凡事都有好意在其中"。贾国龙释怀了许多:"展春,你这句话太值钱了!"李展春离开时,贾国龙给了展春一份年终大奖,并分给他30家西贝肉夹馍加盟指标。

我感兴趣的是，核心高管离职，贾国龙会不会纠结？他说自己的人生召唤就是"人们为梦想而活，创造全新的可能"。"人生召唤不只针对西贝人，是针对所有人的，包括离开西贝和西贝外的人，在我可支持的能力范围内，我也要支持你啊！"

西贝梦想工程："你的愿望，就是我的命令"

2018年5月29日，贾国龙夫妇在西贝吉林省长春门店与西贝员工一起庆祝西贝30岁生日。有员工分享梦想时，说着说着就讲起了诸如"要把青春献给西贝"之类的套话。贾国龙不耐烦地站起身，摆摆手："哎，打住，你要把青春献给自己的梦想，如果西贝能帮你实现梦想，你就把西贝平台用好，有一天西贝不能帮你实现梦想了，你就该去找更好的平台。""其实我们就是彼此需要，"贾国龙很警觉员工以忠诚为名"绑架"企业，"每个人都应该为了自己的梦想而活。"

梦想，很多人一提这个词，要么觉得太空洞，要么觉得太奢侈。企业本身就是实干的结果，如果无法产生绩效，任何"务虚"的东西在企业管理中最终都会被淘汰。那么，西贝人理解的梦想是什么？

贾国龙认为，激活人的关键，在于"激发一个人内心渴望"的机制，把个人目标和组织目标融合在一起。而一个人内心最大的渴望，是自己的梦想。世界上每个人都有自己的梦想，只是有的人埋在心里，深浅不同。"没有梦想的人？那真是不想活！"贾国龙说。

西贝正自上而下在2万多员工中布局一件事："梦想工程"——自上而下，让每位伙伴公开表达自己的梦想。通过一层层激发、放大每一个西贝人的梦想，由梦想牵引，激发组织持续的动力。西贝人很多学习培训的主题就紧扣"梦想工程"：西贝大学激活基层员工的梦想；"梦想启航特训营"激活店长和中高层骨干的梦想；产通天下领导力培训则持续激活高层团队的梦想。

2018年4月，一次我们同车，贾国龙想修改自己的人生召唤，从"人们创造全新的可能性，去实现一个原本无论如何不会发生的未来"，变成"人们为梦想而活，创造全新的可能"。

"我本人就是为梦想而活啊，'因为西贝，人生喜悦'，'全球每一个城市每一条街都开有西贝，是顾客最爱用餐地'，但个人的力量是有限的，就得不断壮大组织。"贾国龙说，"'人们为梦想而活'，就可以具体到每一个人。林男，你的梦想是什么？我知道你的梦想后，你的梦想就和我有关了，我就想方设法帮你圆梦。首先要把梦想界定清楚，哪些梦想是可以在西贝平台上实现的，然后整个组织一级一级往下贯。"

西贝的事业理论是成就人。贾国龙说，不是成就少数人，而是成就每一个人。"'梦想工程'一定具体到每一位员工，洗碗工也有自己的梦想呀，一个月多挣500元，多休息三天，能把孩子接到北京爬一次长城、吃一顿烤鸭，这些都是梦想。"贾国龙说，每个西贝干部的责任就是激发部下说出梦想，帮助部下实现梦想，就是做你部下的"助梦人"。"所有西贝人梦想的累加就是我的梦想。"

西贝大组织的动力系统就是"梦想工程"，它是贾国龙驱动数万人大组织的法宝之一。他深知要玩转这件法宝，一定要搞明白这几件事：

"如果组织文化不接地气，最怕梦想最后都成了梦。"

"梦想很'虚'，但一定要做'实'。"

"梦想是用来实现的。"

所以，"梦想工程"落地的要害是：

第一，梦想一定要具体，要实，不要那些空洞、高大上的口号。

第二，梦想一定要公开表达。"梦想说出来和不说出来，差别非常大。"贾国龙说，"另外，谈梦想千万不要一对一沟通，一对一沟通会很尴尬，谈梦想一定要有'场'，要打造公开的梦想场，每个人都会被点燃，压都压不住。"

每年，西贝都会有若干关于梦想或目标的集体宣讲，连西贝的经营目标也常常是这样"拍脑袋"拍出来的。李展春回忆，2013年夏，贾国龙和干部梳理接下来3年开多少家店，分部老大一个个上台报数，加到一起，2016年开168家店，营收近40亿。后来大家似乎都忘了这件事。等到2016年，李展春偶然翻起3年前那次会的照片，吓一跳！门店数、营收竟然和那次"拍脑袋"拍出来的数字惊人吻合。

第三，梦想要表达得有诗意、有美感，最好是对未来生活场景的一个描述。在实现梦想的过程中，整天苦兮兮的，变成工作的机器人，贾国龙觉得这不是"喜悦奋斗"，没有持久的力量。

2018年西贝一季度会在北京古北水镇召开，有一个下午空出来没安排，贾国龙临时起意，即兴决定：抽出两个小时，让西贝200余位核心干部自愿上台分享自己的"十年梦想"，贾国龙话筒不离手亲自担任主持人。会场内，《夜的钢琴曲》

的旋律缓缓流淌：

第一个冲上台的是领导力学院院长张丽丽，一位"老西贝人"。她希望自己10年后，退休了，一边巡视西贝门店一边周游世界。"好！"贾国龙台下叫好，"到时，公费报销！"

张忠其分部支部经理于连娟抢话筒："10年后，我们全家住在一栋两层别墅里，别墅外绿草茵茵，我和我的二宝在草坪上踢球、放风筝，我妈和我老公为我们一家人准备了一顿丰盛晚餐。晚饭后，我们一家人走在林荫小路上，一边谈论着大宝的大学生活，一边看见二宝活蹦乱跳的样子，幸福极了！"于连娟说自己还有一个终极梦想，退休后开一家国际幼儿园，让全世界西贝人把孩子送到她的幼儿园里，从小教孩子"爱、真实、负责任、荣耀承诺、'不争第一我们干什么'"。

台下，跃跃欲试上台分享梦想的人排成了长龙，此刻贾国龙像导演一场演出，把很多准备上台分享的"老西贝人"劝退回去。"他们上台分享肯定很精彩，"贾国龙说，"但不能都是西贝老人上台，那样'场'就不对了。"贾国龙请上更多加入西贝不久的干部上台。齐允峰，曾供职于优酷、万达，刚入职西贝担任高级品牌总监。他跳上台，头一回公开袒露，自己的人生梦想是这辈子能体验从事100种职业的感受：飞行员、潜水教练、救生员、作家、餐馆老板、年轻人导师……"一开始觉得谈梦想挺虚的，无非是喊喊口号，说几句大话。"齐允峰说，"没想到每个西贝人上台分享，都真实而无畏。我被一种意想不到的力量感染，就上台了。"而这只是齐允峰加入西贝的第三天。

"我都收到了，我是你们的'助梦人'——梦想赞助人。"贾国龙说，他要把干部们的梦想编成一部《梦想集》，摆在案头，随时翻阅。"**西贝成就人的文化，是靠成就别人成就自己，是成就每一个人。**换句话说，我的梦想就是帮助你们实现梦想，西贝好汉的梦想就是帮助你的员工实现梦想，最后这个组织就自我驱动了。"

听每个人的"十年梦想"分享时，贾国龙目不转睛，上厕所都一路小跑。他说管控型组织太麻烦："用梦想驱动组织，这就简单啦！西贝赛场那么累，突然推出'梦想工程'这么一个有美感的东西……人为梦想而活，才不累！"

· 第七章 ·

成就"成就人的人"

从"吹大牛"到"发大愿"

"成就人"是西贝明确提出来的事业理论。它既是创始人贾国龙骨子里的东西,也是被需求拉动的。

2016年9月初,正和岛餐饮老板特训营上,贾国龙透露了研发一年之久的西贝五代店"西贝燕麦面",他形容这家小饭馆是:人的加油站!饿了就想来!到处都有!就近加油!假如中国每1万人配一个加油站,就是14万家。当着众多餐饮同行的面,贾国龙公开吹出一个大牛:西贝燕麦面,要开到10万+门店!"老贾真能吹牛!"在现场的餐饮老板们互相递眼色,不信啊。

几天后,贾国龙临时召集高管开会,次日的勺子商学院西贝公开大课,贾国龙想向行业宣示一件事。

会上，贾国龙扪心自问："开10万+店，是最让我激动的吗？"

公开吹牛后，贾国龙反思"开10万+店"这个着眼点有问题。

贾国龙接着说："西贝有这么多高管，一两万员工，还必须调动更多人积极参与。"一旁，办公室接待员王艳玲正在倒茶，贾国龙问："小王，比如你现在月薪5000，你老公是毡房厨师，两口子加一起15万，将来，你们能不能一人开一家西贝燕麦面，两个小老板，每人年薪30万，两口子一年60万，在北京过上有车有房的生活？"

贾国龙还拿儿子贾壮壮举例。壮壮留学回来曾在北京工体红街开了一家焖面馆。贾国龙让大家思考："我到底是为让壮壮开个店呢，还是为了成就他？"结论是"生儿子不是为了开店，开店是为了他的成长"。华与华创始人华杉提出，做企业要有一点教育情怀，老板要有一点"父母心"。贾国龙很认同："我们不是找一个有钱人、好老板开一个店，而是开一个店是为了成就一个好老板。我们的根本目的不是开店，而是通过开店成就人。"

成就一个什么样的人？贾国龙曾用三个字概括：正、善、能。他说，首先人要正直，有正能量；其次是善，有的人很正,但特横,横的背后不是善;最后是能,正直、善良,但没能力,哪能过上有尊严的生活?所以,正、善、能,构成一个完整的人,三者缺一不可。

"草根阶层上升通道受阻,是当今中国一大社会问题。"贾国龙说,"西贝能否通过开店成就一大批小老板,让他们像李凤兰那样,从一个底层'唱戏的'变成'李董',到大城市过上有尊严的喜悦生活?"

贾国龙说,很多连锁企业都是有钱人拿开店牌照。西贝不,西贝偏要成就那些肯奋斗、诚实,有生意感觉的普通人,有意给他们多分利,培养他们从无产者变成有产者,从"贫下中农"变"富农"。

这一天,贾国龙把吹的大牛"西贝要开10万+店"换了一个角度,变成发了一个大愿:西贝要成就10万+小老板!会后他给我发来一条微信:"人人都能当老板,开遍全球10万+!"

从"吹大牛"到"发大愿",几字之差,让贾国龙更有力量:西贝不是非要开10万家店,而是为了成就10万个小老板必须开10万家店,10万家店只是通道。"当你的立足点是你自己的时候,其实你负担挺重的。但当立足点是别人时,你一下就变轻松了。"

2017年夏天,贾国龙有一回问我:"林男,小米的产品是手机，全聚德的产品是烤鸭，西贝的产品是什么？"他的回答令我印象深刻："是牛大骨？面筋？莜面？西贝的产品不是菜，是人！我是拿每一个员工当产品思考的，每个人来到西贝之前什么样，来到西贝之后变成什么样，西贝就是要把每个原本普通的产品塑造成精品。"

西贝好汉工程："好汉养千口"

如果说西贝"成就人"的事业理论树起了一面道义的大旗，那西贝"好汉工程"则使"成就人"的事业和干部们切身相关。

2017年5月29日，西贝29岁生日。晚上闭餐后，所有干部和员工在门店收看"贾国龙董事长5·29致辞"视频：

> 亲爱的西贝伙伴，大家好！
> 今天是西贝29岁生日，我在内蒙古草原与大家共祝西贝生日快乐！
> 我想起10年前，2007年的5月29日，在庆祝西贝19岁生日并表彰明星员工的大会上，我讲道："10

年后,西贝在中国的大地上开有100家连锁店,到那时,你在西贝扮演什么角色?是店长,厨师长,还是一名部门经理?或者依然是一名优秀员工?"10年过去了,我们超越了既定目标!

今天,西贝拥有200多家门店,遍布祖国大江南北。

我相信那些当年的明星员工,也一定实现了自己的梦想。

2003年春节期间,有位从内蒙古走出来的中央领导,在西贝莜面村北京西翠路店用餐时问我:"小贾,你公司现在有多少员工?"

我回答:"大数1000人吧。"

领导说:"古人讲,好汉养千口,小贾,你现在也算是一条好汉了。"

这句话一直激励着我走到今天。

我想在西贝成就更多的好汉。

现在,我宣布:从即日起,西贝正式启动好汉工程,在未来10年,西贝至少要成就100条好汉。

更重要的是下面的内容:

何为西贝好汉？怎么理解好汉养千口？

我现在的理解是：不是你简单地拥有1000名员工，而是你帮助1000名员工创造了喜悦人生，他们收到了你的爱并由衷地感激你，那你就是一条西贝好汉。

亲爱的西贝伙伴，在未来10年，你可以是那条好汉，也可以是帮助别人成为好汉的人，也可以追随好汉，创造自己的喜悦人生。在西贝，我们都有这样的机会。

因为西贝，人生喜悦！

视频里，贾国龙一身迷彩服，站在内蒙古大草原的风中，拿着讲稿，向一线干部、员工讲何为一条"西贝好汉"：不是你简单地拥有1000名员工，而是你帮助1000名员工创造了喜悦人生，他们收到了你的爱并由衷地感激你。

当晚，我在西贝北京通州长楹店，店长三德子带头呐喊《西贝蓝图》时，真在吼啊。三德子，24岁，辽宁铁岭人，初中学历，家贫，父亲早故，曾是一名顽劣少年，还在一间只有5平米、没有窗户的小号里蹲过3个月。他攥着拳头告诉我，西贝改变了他的命运，未来，他也要成为一条养千口的好汉！

其实，激活基层并不难，从底层杀出重围，他们不缺动力。西贝好汉工程,关键在激活高层,尤其是分部老大、支部老大。他们是既得利益者,如果把他们激活了,组织就强大了,打通了。

贾国龙提出好汉工程后,首先在分部老大层面掀起一股冲击波。

周昕,过去是北京日报社一名机关干部,还经营着一家彩印店,2017年上半年在华东拥有60多家西贝莜面村,年营收过10亿。周昕说:"分部现在已4000多人,认真盘点一下,有多少人能收到我的爱?好像最多不超过50人;有多少人因为我的帮助创造了喜悦人生?想想有的店长1年都没有单独沟通过了。自己在系统上投入多,在经营人的感受和体验上投入少。把自己变成一条好汉要做的事还很多。如果爱的行动没有增加,一切都不会改变。"

齐立强,大学毕业后在深圳开饭店,后被西贝收编,2017年上半年在华南拥有30多家西贝莜面村,年营收过5亿。齐立强说:"过去15年,我是在公司的信任与巨大的投入下才成长起来的,赔了那么多钱,关了好几个店。我自己是西贝成就的第一代好汉。现在我们的责任更大了。我自己要成为西贝这个阶段的优秀好汉,帮助更多人成为西贝好汉!"

董俊义,小学只读到三年级,少时体弱,干不了厨师,愣是被贾国龙调教成拥有30多家西贝莜面村、10家西贝海鲜，年营收近10亿的经营高手。董俊义说："好汉工程是西贝未来10年组织建设的纲要。其核心思想是把创始人长期以来坚持不懈的成就人的理念、情怀发扬光大。"

张兴旺，知名媒体人、学者，自结缘西贝，一步步"越陷越深"，从顾问成为高级副总裁，操盘数字西贝战略和西贝新餐饮布局。张兴旺说："打造100个好汉，就是我们对于'企业组织的目的是人'的一次更好实践。现在贾总成就13个老大了，如果贾总能成就100个好汉，100个好汉再能成就100个好汉，这种病毒式裂变就太震撼了，大组织的管理问题就可能变得简单。"

此后，好汉工程从梦想落地分解为目标。

分部老大王龙龙，在2017年11月的西贝大学梦想启航特训营上郑重承诺："未来10年，开300家门店，带1万人的队伍，创造喜悦人生，成就1500位管理骨干，托起10位西贝好汉，幸福3000万顾客，创收30亿。"

同一个场合，王龙龙分部支部经理陈真承诺："未来10年，我要带领1800+伙伴，培养300+名骨干，托起60+名店长，成就6+名支部经理，幸福600万+名顾客，创收6亿+。"

另一位支部经理刘权章承诺："未来10年，我要带领

1000+名伙伴，培养150+名骨干，托起30+名店长，成就5+名支部经理，幸福350万+顾客，创收3.5个亿。"

贾国龙说："西贝的领导力，就是你帮助人的能力。你能帮助10个人就领导10个人，能帮助1万人就领导1万人。"

北京大学国家发展研究院教授周其仁随正和岛商学院走访西贝后，总结西贝经验用了六个字：不难懂，不好学。"因为西贝要成就的不是明星，不是有钱人，他要成就一个'能成就别人的人'。"

周其仁一语点破西贝"成就人"的本质：成就"成就人的人"。通过成就别人，成就自己。

"你成就了他，他再成就下面的人，这是个没完没了的事。"周其仁说。

贾国龙听了会心大笑："没完没了才好玩儿呀！"

领导者最重要的任务：培养新的领导者

好汉工程的本质是什么？

培养出西贝的卓越领导者。

不够准确，但足够形象的表达是：贾国龙要培养出更多"小贾国龙"。

因为领导者最基本，也最重要的任务就是造就更多领导者。只有不断裂变出新的领导者，一个组织才有生命力。

这一点在中国这个大市场尤其关键。

"越是市场成功的公司，管理人的挑战越大。"周其仁教授曾有一个观点，大意是中国人通常焦虑自己的商业模式不成功，其实商业模式不成功还不是最惨的，最要命的是商业模式成功，一旦高速扩张，队伍跟不跟得上。队伍跟不上，高速扩张时商业模式越成功，可能死得越快。所以在中国做企业要有孙悟空的本领，拔一根猴毛，吹一口气，1000个一模一样的出来，动作不变形，愿景不走样。

而这一条，正是贾国龙和西贝的过人之处。

"西贝好汉"的标准：不是你简单地拥有1000名员工，

而是你帮助1000名员工创造了喜悦人生,他们收到了你的爱并由衷地感激你。贾国龙进一步解释西贝好汉的特质:首先,起心动念越纯粹越好,以成就人为乐,成就他人的目的不只是为了成就自己;其次,要有成就他人的能力,爱不是口号是行动,爱要有结果。

"我就是西贝好汉——首届西贝好汉竞选演讲"是西贝30周年庆祝活动的重头戏,按照上述标准,全西贝人自愿报名。一开始贾国龙还担心报名人太少,没想到有包括分部总经理、总部高管等14人参与角逐,其中还有一位竞选者出人意料:负责华东区域蔬菜采购的高级经理陈云程。"一位基层普通干部,别说拥有1000名员工,几十个也没有,竞选西贝好汉?"很多来西贝不久的干部都没听过陈云程的名字。

"任何西贝人都有成为好汉的机会。"演讲前,贾国龙上台解释,"陈云程虽然是名采购,可大家想一想,假如雷锋在西贝,天天做好事;如果特蕾莎修女在西贝,哪怕是一名洗碗工,只要1000名员工收到了他们的爱并由衷感激他们,他们同样可以是一名西贝好汉。"

一上午竞选演讲后,全场百余名干部投票,第一轮票选,按得票高低从14人中初选出7名候选人。最终获奖者在一个小范围午餐会上确定,由贾国龙、高级副总裁、部分外脑专家组成的好汉评审委员会讨论，贾国龙最终拍板。

有个插曲值得一提。宋建，就是本书开篇提及的那位优点、缺点同样突出的西贝大厨中的"无冕之王"，在竞选演讲中流露出一副"我不是西贝好汉，谁是"的派头，演讲中一点退路也没给自己留，结尾PPT上几个大字更是刺眼："不当好汉，就滚蛋！"小范围午餐会上，贾国龙当即批评了宋建这种表达方式。"在西贝，我们提倡好汉文化，你有天大本事，能挣大钱，但你可能还不是一名西贝好汉，但没关系啊，你同样是一位好干部。或者一位职业经理人兢兢业业不误事，也是一名称职的干部。"贾国龙说，"企业文化里千万不能有这种绑架人的味道。"

2018年5月28日23点59分，还有一分钟，西贝就要迎来自己30岁的生日，三十而立，晚会现场100多位干部、嘉宾都在倒数这一历史时刻的到来。主持人把贾国龙请上台讲话。

令人意想不到的是，喝红脸的贾国龙反串起主持人。他习惯性地先用手轻轻拍拍话筒，然后深沉地说道："我还是想先公布首届西贝好汉，我想和他们一起上台，因为今天，他们才是西贝30年庆典的最大明星。

"西贝30周年，2018年首届西贝好汉是：张慧！王龙龙！李凤兰！"

3个人的故事在本书前文中都有详细描述,要向你重点介绍的是在贾国龙心中酝酿已久的西贝好汉奖励方案。

贾国龙先请十几位副总裁和包括笔者在内的几位嘉宾上台,挨个儿对获奖者表示祝贺,吐露那一刻的真实感受,然后接过话筒说人们最想听的:"成为西贝好汉还是有一些好处的。首先,我们在呼和浩特的西贝文化馆建了三个好汉厅,会为每一位好汉塑像,弘扬你们的精神,每尊塑像上挂1公斤重的金牌,每枚金牌价值30多万,这个确实有点俗,"贾国龙笑着说,"这都只是小头绪。"

"从获得好汉的那一年开始,每位好汉每年有100万的好汉津贴,直到百年之后见上帝!"

每年100万?!真是万万没想到,现场发出阵阵"噢"声,更没想到的在后面。

"这每年100万,不直接给钱!但管四代,上管父母,中间管自己和爱人,往下管儿女,再往下管孙子、外孙。"贾国龙说,"这100万怎么花?第一是教育费用,即使你儿子去哈佛、剑桥读书,一年10万美金学费,报!儿子没考上,孙子考上了,还是报!第二是父母,看病就去协和医院找最好的医生,用最好的药物,报!第三是旅游、享受生活的费用,每年额外配上15天好汉假期,带着父母、爱人、儿孙,尤其是张慧有两个孙子了,周游世界,坐头等舱,住五星级酒店,全报!花不完怎么办?全给你和家人买保险,每年100万花光,1分钱不剩!"

贾国龙每喊出一个重重的"报"字,台下就掀起一波更大的高潮。许多年以后,很多人可能会淡忘庆典上演出过哪些节目,但庆典上那一幕幕会始终如在眼前:

"报!报!报……全——报!"

今天中国企业仍处于"创始人时代",各行各业出类拔萃的企业家多是打下江山的"开国皇帝",他们极具魅力的现场管理能力总是令人深深折服。首届西贝好汉从竞选到颁奖,贾国龙一整天的言行,正是现场管理能力的一台好戏。我想起了领导力大师沃伦·本尼斯的话:"某种程度上,领导力就像美,你很难定义它,但当你看到它时,你就知道,那就是美。"

早在首届西贝好汉颁奖前半个月,贾国龙就对我聊起过他对好汉工程的理解。那晚在他家我们一直聊到深夜,他请我品尝1972年出厂、产地爱尔兰的威士忌和撒上海盐的内蒙古手撕风干牛肉干,我听得出他内心的兴奋:

"能成为西贝好汉的人,他们通常收入足够了,职位足够了,但需要关怀,我就把关怀补起来,而且是超预期的。上下管四代,绝对让你有荣耀,有面子。而且是让你心悦诚服的关怀，不是说老板要给我们下套，没有一点点功利性。我不是'算计'了你，而是'设计'了你。"是啊，真正的激励不是交易，是以心换心。

贾国龙还提到，今天社会上流行一种人：精致的利己主义者。包括有些陆续加入西贝的干部，工作没问题，但也属于精致的利己主义者。对这些干部，能不能该精致时还继续精致，但少一点利己，做到"己欲立而立人，己欲达而达人"？"更有担当，敢于出头，有时候还敢于得罪人。"这也是好汉工程和西贝文化所倡导和要影响的，"我耐心足够，一定要让你情不自禁。"

"其实一个组织设计出一套激励机制，让那么多人兴奋，没那么容易。西贝好汉工程，几句话就能说清楚，然后就开始驱动一批人要当好汉，真的让激励简洁而优美。"贾国龙说，"关键它很好上手，但是力量无穷。我只需要开场，人们自己会'演'，这套驾驭大组织的手法，越往后越有力量。"

发奖和荣誉，在任何组织中都不是小事情，是一门大学问，事关重大。林男看来，西贝好汉工程有以下几个特点：

一、好汉工程既有每年100万的物质激励，又有非物质激励。

"西贝好汉"代表"西贝卓越领导者"，是西贝内部的最高荣耀。管理研究表明，与物质激励相比，非物质激励的成本更小，但效果很大，更持久，边际效应是递增而不是递减的。当物质激励与非物质激励结合好，就能爆发出巨大的能量。

二、好汉工程不只是一种激励，也是一种约束。

管理的窍道，在于激励与约束。有的老板对人对组织控制、约束得很紧，但不善激励；也有老板舍得激励，但不会约束。你可以细想想，西贝好汉工程既是一种激励，也是一种很巧妙的约束：西贝好汉有标准，一个人既然已经成为西贝好汉并"昭告天下"，人们处处向你看齐，你就要做出西贝好汉的样子来，处处以身作则，这不是约束是什么？而且是"自我约束"。另外，既然被评为西贝好汉，且只要没有违规记录，此生永远享受好汉待遇，核心干部"调动""可上可下"——这些令无数老板撕心裂肺的难题是不是也会更好处理？

三、好汉工程是一项长期的制度建设。

未来10年，西贝要成就100条好汉。贾国龙算了笔账，一个人100万，100条好汉就是1个亿。我心里也算了笔账，西贝2028年目标营收过千亿，保守算500亿，也有50亿的净利。"10年后西贝每年要支出1个亿的好汉津贴，你说多吗？"贾国龙瞪圆眼睛，没等我开口就提高嗓门，"可你不知道，100条好汉带来的能量有多大！"

下篇 贾国龙如何自我激励

· 第八章 ·

贾国龙其人

贾国龙的原生家庭

"贾大夫！贾大夫！我是生产七队的！"

儿时，午夜，睡梦中，贾国龙常被梆梆梆的敲窗声惊醒。

"什么事儿？"父亲爬起床。多是谁家的老人小孩又闹病了。

这是七十年代，内蒙古巴彦淖尔盟临河县黄羊公社。父亲一准披上衣服，出门登上农民的马车，半夜出诊，身影消失在北疆浓浓的夜色中。

1972年，贾国龙父母携儿带女，举家沿黄河"几"字那一"横"西迁，从呼和浩特托克托县三间房村移民到临河。那一年，贾国龙5岁，姐姐贾国誉8岁，妹妹贾国慧2岁。父母成为当地的赤脚医生。临河，地处河套平原，常年黄河水滋养，土地肥沃，地广人稀，和土地贫瘠、人口稠密的托克托县形成鲜明对比，被称为"养穷人的地方"。

虽然在农村长大，但贾国龙从小到大没受过穷，也没缺过爱，这样的原生家庭对贾国龙的性格和西贝的气质影响深远。换句话说，贾国龙爱顾客、爱员工，充分信任人，看人只看优点少看缺点，是因为在他的成长过程中获得的始终都是正反馈。

贾国龙回忆，儿时的托县老家，请人到家里吃饭从来就是嘴上一说，自家还等米下锅呢！可在临河，一次贾国龙妈妈请邻居姐姐来家里吃饺子，这位姐姐可好，上炕一坐，吃饱了才走，让初到异乡的贾家好生诧异。邻里间吃吃喝喝通常不分彼此，为什么？因为物产丰饶，谁家都不缺。过去的托县老家，媳妇儿们很少叫婆婆"妈"，而河套婆媳关系通常处得更好。贾国龙小时候，过年回老家给压岁钱，贾国龙父亲都是一块两块地给，托县人呢，都是一毛两毛地回礼。

"河套人往死实在了，老家人往死小气了。"贾国龙曾这么想，长大后明白，其实就因为一个字：穷。穷，人就会很计较。穷，人情往往就薄。"今天托县经济也发展了，人们也相对大方了。人啊，通常都想大方，就看你有没有条件。"

身寄异乡心发奋，天道助善亦酬勤。贾国龙父母靠自己不停地学习考试，靠自己的勤和善，在异乡改变了命运，贾父先后担任狼山地区医院、临河市第二人民医院院长多年。贾国龙父亲贾资说，临河人厚道、朴实，不排挤外来移民，这更激发了贾资内心的善。贾资父亲早故，家境贫寒，母亲招夫进门，继父姓薛，心地善良，对一家人很好，对贾资更怜爱有加。贾资在一首怀念继父的诗中写道："心慈面善好继父，劳苦功高记心头。虽没吃过怀中乳，抚老养小燃灯油。乌鸟有情知反哺，羔羊无言常跪母。继父恩德永不忘，您老子孙我关护。"贾国龙母亲贾美美两岁那年，曾为黄埔军校生的贾美美父亲在组织大青山抗日游击战中牺牲。贾美美被过继给一户董姓人家做"奶媳妇"（从小送给一家，未来要给这家当媳妇的），董家待贾美美视同己出，当年那么穷，还供她读完了小学。解放后，贾美美解除婚约，但一直跟董家最亲。

这样的身世和人生经历，让本就待人很厚、很宽的贾家特别重情义。西贝前CFO刘勇燕说，前两年得知当年引荐贾资移民临河的老同学，刘勇燕的父亲刘敏手术出院，退休后回呼市、托县安度晚年的贾资，自己开车500公里回临河，住在老同学家里，每天搬个小板凳坐在刘敏床前，老哥俩儿手拉着手，从日出聊到日落，故人往事，如在目前，老友闲坐，灯火可亲。"那幅画面有一种人情美。"刘勇燕说。

贾资、贾美美从小教育3个孩子与人相处，不计较，不争利。贾国龙妹妹贾国慧的儿子小时候出去玩，贾国慧从来都带上两件玩具，一件给儿子，另一件给没带玩具的小朋友准备着。作为贾家唯一的男孩，父母对贾国龙更是"碗大汤宽"——这是内蒙古土话，意为成长环境宽松，属于放养型教育。大学时，别的同学家里一个月给60块生活费，贾家一个月给贾国龙100块。

贾国龙还记得儿时爸爸给他讲过一个"让他三尺又何妨"的故事：清康熙年间，大学士张英的家人为争三尺宽的宅基地与邻居发生纠纷，要张英利用职权打赢这场官司。张英阅信后挥笔写了一首诗："千里修书只为墙，让他三尺又何妨？万里长城今犹在，不见当年秦始皇。"家人见信后，主动让出三尺宅基地，邻居见了也主动相让，两家让出一条"六尺巷"，化干戈为玉帛，传为一段佳话。我想，西贝带队伍一条不成文的原则"要想好，大让小"，也潜移默化地受到了这个故事影响。

韩淼，满满元气枣糕创始人，贾国龙姐姐贾国誉的女儿，和我谈起贾家家教，姥姥、姥爷言传身教的有四条：

一、从小教育孩子力争上游，方方面面往好里做，收拾家也要收拾得井井有条。

二、凡事鼓励为主，不指责。

三、不能忘本。自己日子好了不算好，让身边人日子好起来才算好。

四、开明。"我觉得自己的童年很自由，我姥姥是个医生，特别爱干净，但我喜欢宠物，我姥姥就给我养了好多只猫、狗、兔子，对你有要求的同时，还能让孩子顺着自己的天性成长，这一点真的很难得。"

我去拜访住在呼和浩特市一栋普通居民楼的两位老人，印象最深的是一句话和一首诗。

一句话是爱国将领冯玉祥送给儿子的。"欲除烦恼须无我，历尽艰难好做人。"这句话贾资送给儿孙，也送给我。

一首诗是贾资自己的创作，《老牛舐犊情更浓——诤言儿孙》，红色宣纸，行草，裱好挂在客厅，从中能品味出贾家家风：

创业不易守业难，居安思危紧迫感。
成功面前需冷静，挫折之时应坦然。
会当绝顶众山小，临海观潮胸襟宽。
不失本色勿自满，平路行车谨防翻。
金钱名利似粪土，得失成败如云烟。

人品知识真财富，风云变幻稳如山。

咬定青山不放松，率众扬帆达彼岸。

一生拼搏无穷乐，永远奉献别样欢。

四海同业皆兄弟，各领风骚共发展。

胸中尽装天下事，热爱坚持照肝胆。

雏凤本来能冲天，老夫总嫌羽翼短。

可叹年迈舐犊情，千丝万缕剪不断。

"打不死"的光头二传

"贾国龙！"

啪！

1985年夏天，训练场上，正愣神儿的贾国龙还没反应过来，姜志明教练从高处发出的一颗排球直中贾国龙面门，顿时鼻血流成小河。

贾国龙脑子好使，从小到大，考试前用一阵功，手拿把攥全班第一。但高二疯狂迷恋上排球，学校组织看电影，贾国龙都不去，一个人在操场对着墙头练球，加上青春期失眠，成绩开始一落千丈，最后高考落榜。这一沉重打击，让他备战巴彦淖尔盟排球联赛时心不在焉。

前一年,贾国龙所在的杭锦后旗一中(今改名为奋斗中学),在九支球队中倒数第二。当时那位教练,训练时松松垮垮,经常拉着队员们喝啤酒,可真刀真枪一比赛,眼见兵败如山倒,喊暂停,气得上去给每个队员就是一记耳光。第二年,换成了姜志明、张永胜教练,开始了1个月的魔鬼训练,每天天不亮就拉练体能,从早到晚就在球场上摸爬滚打。贾国龙被打出鼻血,"打一桶水,洗干净,接着练"。训练时往死残酷,可一到比赛暂停,一块块毛巾拧干净,亲手递给队员擦汗,告诉你球场上怎么见招拆招,鼓励,鼓励,再鼓励,一句责备的话都没有。贾国龙记忆犹新:"同一拨队员,前一年八场比赛只赢一场,后一年八场比赛只输一场,我们当年那些比赛啊,几乎场场打满五局,场场拼至最后一刻,生死关头,多少不可思议的球给我们倒在地上救回来,神奇死了!"杭后一中最终获得联赛亚军和精神文明奖。人们评价打二传的贾国龙:"你们杭后一中那个光头二传,个子不高,灵活,顽强,打不死!"

高中打排球这段经历对贾国龙有毕生影响。

一是贾国龙在1995年,西贝年营收不过300多万元时提出的那句西贝之魂"不争第一,我们干什么",想必是受到了

"就要赢人，非争第一不可"的体育精神的影响。

二是"平时多流汗，战时少流血"。"竞技体育和企业竞争、商圈里门店与门店间竞争的道理一样，就看每天是不是全情投入。哪个人、哪个环节'漏气'都不行。"

三是爱与严。"平时对干部要严厉，他平时要是不好好练，要逼他，但他全力以赴了，还错了，反而要宽容，责备他都是多余的。"贾国龙说，"没有爱，你没法儿严，没有爱的严，很快就分崩离析了，爱到一定程度，手下打都打不走。"

第四条尤为重要，一位篮球教练朋友说的一句话让贾国龙有触动："当教练的难，在于运动量和运动伤害的平衡。运动量小了肯定不出成绩，但运动量过大又会造成运动伤害，甚至把一名运动员废了。"对照一家公司，对照西贝，道理是通的：如果不够拼，肯定不出成绩，所以西贝推出了西贝赛场，防惰怠，让组织永远紧张起来；但组织过度疲劳把人们吓跑了也不行，所以西贝把利分给奋斗者，平时就各种奖励，吃好、喝好、福利好，更推出了富于美感的梦想工程和好汉工程，让西贝人的奋斗"三有"——有利、有趣、有意义——西贝人称之为"喜悦奋斗"。西贝的使命正是创造喜悦人生，贾国龙说，"苦逼奋斗"难以长久，"喜悦奋斗"才可持续！

退学:"女士们,先生们,爷不念了!"

高考落榜,是贾国龙人生中一次刻骨铭心的痛。

从小学到初中,作为学校乃至临河地区的尖子生,贾国龙自我期许颇高。将来去哪儿读大学?普通名校不在话下,清华北大也未必是奢望,但高二起因排球荒废了学业,加上青春期莫名其妙地神经衰弱,整宿整宿地失眠,折磨得贾国龙几次拿烟头烫自己身体。高三,贾国龙休学一整年,勉强参加高考,落榜,眼见过去成绩不如自己的很多同学都考中了满意的大学,落榜后,贾国龙把初中、高中毕业证一把火全烧了。一晚,一个人干掉好几大碗啤酒,大哭一场。复读1年后,贾国龙接到一份录取通知书:大连水产学院,渔机系机械制造专业。

不难体会贾国龙当年心中的失落和满满的不服气。入校后,他在给好友宝罗兄的一封信中写道:"来大连两个多月了,一切新鲜感和神秘感都已过去,现在已开始了正常的学习生活。其实,看景不如听景,大连也就那么回事,不过既来之则安之,我会珍惜这4年的知识学习,但我尤其不会忽视能力的培养。说实在的,我看不起那些书呆子,我有我的前途、我的理想,我将尽力为之奋斗。"

贾国龙与餐饮结缘,或许始自大二那年做学校食堂执勤队长。当时他的主要工作,是维护一日三餐学生打饭的排队秩序,制止加塞。"外人看来,执勤队是管理学生的,与学生是警察与小偷的关系,但我认为执勤队应该是为同学服务的,是为同学们都有平等就餐的机会而设的。"日记本上还记载着贾国龙为执勤队设定的队规和服务宗旨,"两人一组,定时定位服务,登记每日菜谱及上菜秩序,热菜早上岗……自始至终微笑服务。"看到最后一句,我会心一笑:"相信爱可以感化一切。"

大学期间,贾国龙就有了开餐馆的冲动,名字都想好了:星海餐厅。卖什么?火锅、狗肉、羊肉、麻辣豆腐、夫妻肺片、蟹头拌菜……如今看来,这份奇怪的菜单组合,想必都是贾国龙当年尝过的美味。

1988年初,大二那年,贾国龙决定退学。他还把好友召集在一起,一顿大酒后,发表了一席退学演说:"女士们,先生们,爷不念了!"

2018年西贝30周年庆典,贾国龙给西贝干部布置了一份作业:以不超过300字的叙事诗朗诵的形式复盘工作,主题

"西贝因我有何不同",只说事,尽量不用形容词和副词。开篇第一首诗就是贾国龙自己写下的《立志创业,平凡起步》:

1986年,复读1年后的我,考入大连水产学院。

大连,中国第一批沿海开放城市,非常好的地方!

我们学校更是,依山傍海。

我的宿舍离海最多50米,每天,枕着波涛入睡,听着海浪醒来。

60分万岁,上课看武侠,下课踢足球,晚上看电影,听各种思想的讲座,尼采、萨特、弗洛伊德……

三个学期,陪各路同学,滨海路走了不下十回。

我们学校被光荣地称为"大连青年疗养院"。学习越来越无趣,日子越过越空虚……

我,从小就要强,考试就想考第一,

初中打乒乓球,打到一天不吃饭,就想赢人。

高中打排球,学校组织的电影都不看,

一个人在操场练球,就想进校队,当主力。

如此要强的我,难道真想混到毕业,

等国家分配个工作?

怎么想,这都不是我要的未来。

大二下学期，我做了个决定，退学！

我把老乡召集在宿舍，一顿大酒后，发表了退学演说：

"女士们，先生们，爷不念了！"

离开学校那天，就是西贝创业开始的日子：1988年5月29日。

多年前我第一次接触西贝，记住了企业宣传册上的一个细节，贾国龙个人介绍：汉族，1967年2月生于内蒙古，1988年大连水产学院本科"肄业"。相比很多老板名片上都快装不下的各种头衔——各种博士硕士EMBA、人大代表、政协委员、某某大学客座教授、某某城市特别顾问——对外坦陈自己大学都没毕业的老板可真少见。"我肯定不能写'毕业'啊，写上了自己多别扭啊，当你装，不真实时，就会特别没有力量。"有一次我和贾国龙谈起这件事，他说："什么是领导力？领导力首先是让自己更有力量！"上世纪九十年代，贾国龙曾自掏腰包，送张慧琴等几位当年的西贝年轻人到北京工商大学进修，张慧琴对我说，这件小事让她感念至今。有一次我和贾国龙谈及此事，贾国龙回忆了一下说："哪是那回事，人家张慧琴本来就要离开西贝去北京外企打工，我就顺水推舟送个人情嘛！"我曾问贾国龙妻子张丽平的哥哥张力钧：如何用一个词形容你这位妹夫？

"实在，就实实在在一个人。"

我也问过贾国龙最反感一个人身上什么特点。他不多想："虚伪，装，说一套做一套。"西贝核心价值观第二条就是真实：讲真话，玩儿真的。有一说一，有二说二，说我所做，做我所说。细想想，很多时候，我们之所以感觉到"累"，是不是因为我们不愿接受现实，不愿面对自己，而是在和真实"对抗"？其实，力量源自真实，真实自有力量。贾国龙说，真实往往比正确更有力量。

贾国龙的经营原则："不、不、不！"

1988年8月，退学回到临河的贾国龙在临河秋季交流会上租了一个15天的摊位，起名红高粱酒家。第一天，卖了3碗饸饹面；第二天，卖了3瓶啤酒；第三天，一场大风把帐篷刮倒，撤摊，关张大吉。来帮贾国龙做生意的10多位高中同学，连吃带喝，3天造了200多元——这就是贾国龙的首份创业成绩单。

10月，康德乐咖啡厅，贾国龙的第一家"店"开张，20平米，12个座位，咖啡牛奶、果酱面包一直卖不过对面的飞刀削面，两个月后改名"黄土坡小吃店"，店里只卖两道菜：从银川夜市引进的鸡肉炒疙瘩、羊肉泡馍。对面餐厅飞刀削面的女厨师被贾国龙挖来做主厨，每天营收百元左右。巴掌大的康德乐咖啡厅，贾国龙也雇来比自己小5岁的四舅看摊儿。创业至今，贾国龙说自己从来没有亲自当过经理——他从来不是事必躬亲型的老板，他基本只做三件事：**拍板、用人、兜底**。

"西贝"品牌出现在1989年，西贝酒吧开业。全进口的仿木纹地板砖、迪卡墙画、筒灯、能调制出七层颜色的鸡尾酒，全是贾国龙从北京王府井工艺美术商店搬回临河的。贾国龙请同学照着当年广州全运会吉祥物"羊羊"举着火炬的形象画了40块广告牌，写着"西贝酒吧隆重开业"，钉在百货大楼、邮电局等临河最醒目的地方。很快，西贝酒吧成为小县城青年向往的浪漫天地。本来酒吧不卖菜，但喝酒必须有菜，就加了凉菜和面片，贾国龙又打起广告："砂锅面片，西贝一绝。"西贝酒吧出名后，贾国龙又承包下临河爱丽格斯西餐厅，改卖海鲜，之后又开了西贝火锅城。

当年临河的商业环境真是"盐碱地上种庄稼"：社会治安乱，消费能力低，人们的消费习惯还很坏，"不赊不欠不算店",年营收100万,是账不是钱,年底抵回一箱箱内蒙古当地厂家的羊绒衫。每天厚厚的一摞账单,看着就发愁,要账很难。西贝30周年叙事诗朗诵中,张慧琴回忆:"客人不签单,保安车前拦,客人踩着油门就冲过去,我一把拉开保安,真是生死一线间!骑自行车去要账,不给?你走哪儿我跟到哪儿!"西贝早年财务负责人、备受西贝人尊敬的马姨,每天一项主要工作就是四处要账,因为要账卓有成效,被贾国龙夸赞为"马姨要账,彬彬有礼,坚定不移"。

面对如此恶劣的经营环境,贾国龙一度跳出餐饮业。大概1993、1994年间,当地临河酒厂招聘销售经理,贾国龙应聘成功,卖了三四个月白酒,结果也不好干,回头接着做西贝。

2014年,著名投资家、高瓴资本创始人张磊与贾国龙面谈后,对贾国龙的格局和个性印象颇深:"做企业要做有个性的事,员工都自豪。"创业路上,贾国龙做过哪些有个性的事?这就要讲讲贾国龙的"不、不、不"理论。

早年间,贾国龙就有一个"三不"理论,一时闻名于临河餐饮界:不赊账,不打折,不陪酒。"不赊账"上面讲过了,那么为什么"不打折"?早年贾国龙提出一句口号"满意不打折,不满意不要钱"。联想起今天的"闭着眼睛点,道道都好吃,不好吃不要钱",是不是一脉相承?更有意思的是"不陪酒",贾国龙专门印了一张不喝酒名片,上面颇为幽默地写着:本人因喝酒犯过严重错误,决定戒酒,请您成全。贾国龙回忆:"我有些事做得挺绝的,如果是朋友来了,我主动喝;如果领导去了,凭官大压着我喝,我说不陪就不陪,说不喝就不喝,为此得罪了多少权贵,谁把西贝关了?我们不也挺过来了?"

如果再有第四个"不"理论,那就是贾国龙"不怵坏"。上世纪九十年代,西北地区民风彪悍,开餐馆的总受欺负,"江湖老大们"白吃白喝、醉酒打人,时有发生,绝大多数餐馆选择忍气吞声、息事宁人。贾国龙不,来吧,跟你拼命!早年,西贝员工因不堪忍受某江湖老大的欺辱,在贾国龙带领下将之一顿暴打后,有人给贾国龙捎信儿:"对方一队人马正从呼市赶来,号称带着几十支小口径步枪,要往死打你,还不快躲躲!"听闻此言,一股正义冲动"噌"地冲上贾国龙脑门儿,他说自己在那种时刻可以不管不顾,什么都豁得出去。他回应捎信人:"除非他把我打死,打不死我,谁死还不一定呢!"那些日子,贾国龙照常不用朋友保护,每天一个人骑摩托上下班。"只要他不正,他就不厉害,即使你体格不如他,但你心比他硬,一打他就软。"

1995年,贾国龙在西贝只有两家店、86名员工,年营收只有343万元的时候，提出沿用至今的一句企业精神：不争第一，我们干什么！不久后，西贝冲到临河餐饮第一品牌。中国每个省份、每个城市、每个地区都有当地的餐饮龙头，但要做到全国中餐龙头，万里挑一！西贝靠什么从底层杀出重围？本小节仍然顺着前文贾国龙的"不"理论，西贝做了些什么我们后面再讲，先看看西贝对哪些机会说了"不"。

2015年6月，阿里巴巴集团与蚂蚁金服集团合资成立口碑网，专注于本地生活服务的转型与升级。11月，阿里口碑网向餐饮行业的三家领先企业海底捞、西贝、外婆家抛出橄榄枝，邀请这三家餐饮企业投资口碑网。今天看来，如果当年投资口碑网，今天数十倍的溢价肯定是有的。面对这样难得的股权投资机会，当年如果你是贾国龙会怎么选择？

贾国龙这样回复口碑网：

> 非常感谢口碑给西贝的投资机会！经董事会研究，西贝决定放弃这次口碑股权投资的机会，我们希望专注做好餐饮主业。敬请谅解！
>
> 再次感谢口碑网给西贝的投资机会！
>
> 贾国龙
> 2015年11月19日

贾国龙不投口碑网这个决定，今天一定也会有人不解。贾国龙解释说："西贝不是不投口碑，是谁也不投，不靠投资赚钱，只投自己。"为什么？贾国龙说："餐饮这个行业，能力是积累出来的，这个行业太耗人，没挣着钱的吓跑了，挣着钱的觉得太辛苦，想投其他行业，有耐力的企业太少。西贝这么多年是挣钱也干，不挣钱也干，不挣钱先挺着。多少年我们就赌在餐饮业，其他行业什么也不碰，就是因为我们有理想，西贝就是要把餐饮做牛逼。"

相比其他行业，餐饮业门槛低，"赚钱就干，不赚钱就撤"的心态更为明显。如果问贾国龙，这个行业的一个普遍问题是什么？"这个行业的很多人有点自己看不起自己。"我还记得贾国龙在一次餐饮行业会议上对我说的这句话："中国有全球独一无二的美食基因，缺什么？缺的是管理，缺的是梦想。"那么，贾国龙的大梦想是如何一步步点燃的？后文中有解读。

研究西贝，我还经常想起一件小事。除了2003年在北京香山脚下买了一处三层连体别墅，这么多年来，贾国龙一家没再买过第二套房，也没给儿子买，儿子很长时间在三里屯和同学合租一套140平米的房子。

我们聊起这件事，贾国龙说："也是给内部做示范。我们是做实业的，不是做投资的，房子留一套，收拾好，好好住，多出来的钱投到西贝，投在人力资源、品牌建设上，增强西贝的竞争力多好！再说，关键是不操那些毛毛刺刺的心。"

"可十几年北京房价翻了有十几倍吧！"我追问。

贾国龙："林男你算算，10年里西贝营收或者按市值换算翻了多少倍？西贝未来的竞争力又翻了多少倍？"

用内蒙古当地话讲，贾国龙这个人"一股筋"。贾国龙说，西贝门店是，也将永远是西贝唯一的利润来源。

2016年后，贾国龙在很多次对内对外的活动上都这样说：

"我就是个开饭馆的！"

"我永远就是个开饭馆的！"

我想，这也是他对自己、对西贝的一种自我约束：**在大机会时代，永远不要机会主义**。也是一种自我激励：天下事就是这样，**什么都想要的人，往往最后什么都要不到**，所以，下决心不要，下决心就干一件事！

西贝创业成功后，正赶上内蒙古、山西、陕西挖矿热，很多人劝贾国龙投资开矿，投了就大赚，身价动辄几十上百亿。"老贾，这可比你一盘菜一盘菜地卖来钱容易多了！"贾国龙心想，做一件事如果内心里没有一种自豪感，天天忙着数钱有什么意思？那是出纳干的活儿！他是这样婉转拒绝这些发大财的机会的：

"天下还有比70亿张嘴更大的矿吗？"

两次栽跟头明白了：改了性，要了命！

2018年，西贝博物馆筹建时，回顾西贝30年发展历程的展厅被命名为"脚踏实地30春"。贾国龙看到这个主题一瞪眼："哪是脚踏实地30春？跌跤骨碌30年！"跌跤骨碌是内蒙古土话——跌倒后又打了个滚儿，也生动道出了西贝31年的缩影：一部在不断折腾、兜圈子、走弯路、跌跌撞撞中持续突破的连续剧。

贾国龙30岁以前，也就是西贝创业头十年，小吃铺、西餐厅、海鲜馆子、火锅店，全折腾过，还曾在乌拉特前旗白彦花镇101国道旁开了一家西贝快吃店，主卖当地的一道特色菜"猪肉勾鸡"，梦想着将来沿101国道，每个服务区开一家，一直开到北京……但水小难养大鱼，1996年底，经一位朋友牵线，贾国龙夫妇到深圳接手经营400平米、120个餐位的海鲜酒楼——园丁酒楼。

内蒙古人到深圳开餐馆,卖什么菜?贾国龙从呼和浩特宾馆聘请来两位海鲜师傅,又从临河调来一批厨师,主打粤菜,外加一些内蒙古特色菜。餐厅回头客虽然不少,但选址有硬伤,再有不敢定高价——在大城市高端酒楼盛行的九十年代,园丁酒楼一笼莜面卖8元,最贵的一道红扒驼掌卖198元,营收支撑不了营运费用,开业9个月,累计亏损137万。此前西贝在临河一年利润才几十万,而且很多都赊账,深圳一战赔掉137万,几乎倾家荡产。"100多万,砸地上也是个坑呢!"西贝联合创始人、贾国龙妻子张丽平回想当年。准备从深圳撤回内蒙古时,有位来深圳多年的内蒙古老板不知道张丽平是老板娘,想挖她到自己的高档会所做职业经理人,月薪5000的高价。张丽平骨子里和贾国龙一样不甘平庸,从小不学同龄人都渴望拥有的自行车,"将来我要骑摩托"的张丽平心想:"我赔钱还赔100多万呢,去你那儿挣5000?"

深圳一战大败,但对西贝意义重大。

首先培养了一批厨师队伍。撤回临河前,贾国龙专程拜访了当时深圳生意最好的海上皇餐饮,虽然赔着钱,还是花了6万块钱,留下包括今天西贝超级肉夹馍创业经理孟德飞在内的7位师傅在海上皇学习了1年。

更重要的是让贾国龙和张丽平增长了见识,开阔了眼界,再出手就不一样。张丽平说:"我们几乎吃遍了深圳所有生意好的餐馆,对餐饮有了更深刻的认识,更坚定了我们走出去的决心。"退回临河,未经休整,亏损中的西贝就借钱扩建装修爱丽格斯海鲜餐厅,让其成为临河第一高级餐厅,开业就火爆。1998年同样借钱打造了临河第一大餐厅,1580平方米、463个餐位的西贝餐饮广场。过程中,当地巴盟电视台台长把贾国龙叫到办公室,叮嘱说:"稳点,餐饮广场那么大,行吗?"事实证明,这次行。餐饮广场一开业就非常火爆,西贝也成为临河地区餐饮第一品牌——1998年营收也不过800万。

1999年,贾国龙找到原临河市长周玉峰,提出承包经营市政府蒙达利宾馆的餐饮业务。"全临河的市场都给你又有多大?我们要去北京开办事处,也想有个吃饭的地方,你到北京去发展吧。"一席话正说到贾国龙心里,再次走出临河的机会终于来了,于是他承包了2000平方米、位于北京西翠路的金翠宫海鲜大酒楼。贾国龙大学同学、今天西贝创业分部总经理之一的王武卫回忆,金翠宫海鲜大酒楼开业之初,贾国龙带几位干部开着一辆老旧的丰田面包车,到恩格贝沙漠绿洲中的小湖边,一人种下一棵绿油油的杨树苗后,贾国龙说:"这回,我们要进京扎根!"

这不是贾国龙第一次闯北京。1996年,贾国龙经朋友介绍来到北京西单附近的金王子酒店，本想争取找机会接手这家酒店，还送给这家国营酒店负责人一套800多块钱的茶具，但还是被那位开着奔驰汽车的女经理拒绝了。"她觉得我是小地方来的，而且连大学都没毕业。"二次进京，张丽平从临河挑选了50名厨师、服务员，大巴连夜从内蒙古开奔北京金翠宫大酒楼，抵达时天刚亮，姑娘小伙们搬行李下车的一幕，正巧被晨练的金翠宫大酒楼房东看在眼里。内蒙古人原本皮肤就偏黑，加上一夜舟车劳顿难免蓬头垢面，房东见了说："卸下一车土豆！"贾国龙听闻，心中暗暗较劲：一车"土豆"怎么了，一定要把这家店做好，让这车"土豆"变"金豆"！

进首都卖什么菜？虽然深圳之败后贾国龙反思，做粤菜是做了自己不擅长的事，但因为是和政府驻京办一起来北京的，要请人吃饭，没有海鲜好像就没有面子，于是贾国龙从深圳高价请来几位粤菜师傅做海鲜，羊肉、莜面搭着卖。虽然很拼命，但消费者就是不买账，4个月赔进100多万。

1999年的秋天，可能是西贝30多年来压力最大、自我怀疑最严重的一段时光：深圳，贾国龙9个月赔进100多万；进京，4个月赔进100多万，关键还看不到救活这家店的希望。难道西贝真杀不出临河？"如果这次我们再退回去，可能未来很长时间再也没有勇气走出来了。"张丽平说。贾国龙和张丽平相互鼓励：这次挺住，坚决不能退回临河！而转机的出现竟始自一句吐槽，有顾客抱怨说：

"你们家海鲜怎么带着一股羊肉味儿？"

贾国龙听到这句话的第一反应，郁闷！可转念一想，对啊，内蒙古人来北京开海鲜大酒楼，这不是重蹈深圳园丁酒店的覆辙？一句话点醒贾国龙：差异化是第一位的，卖就卖自己最熟悉、最擅长的东西——就卖羊肉、莜面，彻底放弃海鲜！身边一片反对声：内蒙古菜不是川菜、粤菜、湘菜，小众，卖贵了没人吃，卖便宜了赚不上钱，只卖羊肉、莜面怎么行？贾国龙有一次问我，真理往往掌握在少数人手里，这句话对不对？错，真理"一定"掌握在少数人手里！在贾国龙的坚持下，"金翠宫海鲜大酒楼"更名为"金翠宫莜面美食村"，停掉海鲜业务，推出莜面系列、烤羊排、烤羊背、手扒羊肉、烤全羊和农家大锅饭等特色饭菜；不再畏首畏尾地按内蒙古的消费水准给大城市消费者定价，改用优质优价策略，在内蒙古白送的小菜酸黄瓜，北京6块一碟，一笼莜面内蒙古卖2块，北京卖18块；还请著名蒙古歌手德德玛代言，花几十万在《北京晚报》、《北京青年报》、北京交通台连续做广告，策划主题"内蒙古莜面美食节"……

改变立竿见影。"我原以为客人会慢慢多起来，结果客人就像从地上呼啦一下长出来的，每天排着队来吃莜面，日均流水从之前的2万涨到4万5。"贾国龙说，不出临河不知道，大城市真是富矿。2000年底，西贝临河4家店，北京1家店，年营收共3269万，利润161万，其中北京金翠宫莜面美食村一家营收1282万，利润151万，利润占比93%。1999年12月31日，新千年的跨年夜，贾国龙开着那辆16万买的7座二手丰田面包车，从长安街穿过，回想这一年在北京经历的一幕幕，真是一波三折，惊险连连，好在，这次终于站住脚了！

慢慢地，顾客习惯把"金翠宫莜面美食村"简称为"莜面村"。2001年2月，北京六里桥店开业，成为"西贝莜面村"首店，随后"金翠宫莜面美食村"更名为"西贝莜面村西翠路店"。之后几年又开了呼市体育场店、深圳香蜜湖店、上海东方路店等大店，这些店被称为西贝莜面村一代店，浓墨重彩表达的是现代化大都市中，一个来自西北浓浓乡土情的故事：每个雅间都有独立厨房，按照客人姓氏命名，赵家、钱家、孙家、李家……客人回到"家"，一对"母女"在忙碌着，厨娘"母亲"在厨房做饭，服务员"女儿"一上来招呼客人，不叫"哥"叫"舅"，热情地上菜、倒茶，让客人感觉从喧嚣都市一下回到西北农家。当时西贝莜面村在北京交通台的广告唱词是这样的：

沙地里的蘑菇碱地里的葱，

大草原的牛羊肉西贝人的心，

面对面搓莜面面对面地看，

西贝村做的是咱心贴心的饭，

三十六眼窗窗是窑洞洞门，

正宗的饭菜地道的人，

西贝村圆咱西北梦，

莜面村吃出来乡土情！

深圳、北京先后两次栽跟头，还有北京"死里逃生"最终站稳脚跟的经历，让贾国龙收获了一条此后做事业的原则：挑自己最擅长的事做，持续地做，做到最好！正如一个人的性格是很难改变的一样，一个企业的基因也是很难改变的，所以什么人就说什么话，什么组织就干什么事，千万不要逆着自己的基因和能力做事，否则那句内蒙古民谚通常会应验：

"改了性，要了命！"

也曾低迷:进西贝店里都"打怵"

今天贾国龙在中国餐饮界,乃至中国企业界的一个非凡之处,是他的雄心壮志,即西贝愿景:"全球每一个城市、每一条街都开有西贝,一顿好饭,随时随地,因为西贝,人生喜悦。"那么,贾国龙是不是创业之初就有这样的格局和志向呢?其实,贾国龙也曾长期处于机会驱动、"走一步看一步"的状态,贾国龙的大梦想是在创业过程中一点点激发出来的,西贝从一家"餐馆"逐步蜕变为"现代餐饮企业"也只是2010年之后的事。

这里有个问题,贾国龙一直在激励他的干部和员工,那谁在激励贾国龙?有句话说得好:"领导力其实不是带着谁走,而是带着你自己走。"**杰出的领导者都是激励大师,但首先必须是一位自我激励大师,通过真干、真学,不断拉高自己内心的使命感、危机感和成就欲。**

对于一家公司的命运,老板的认知和能力是最大的天花板,因此每位老板必须永无止境地自我突破、自我成长。"西贝封顶就是贾国龙封顶,"贾国龙曾讲过一句话,"老板进步一小步，企业进步一大步。"

21世纪头十年，西贝在北京、内蒙古、深圳、上海开火几家店后，在巨大的中国餐饮版图中只是一匹刚刚杀出重围、颇具个性的黑马，可餐饮业一波波的网红、潮牌多啦，况且，中餐历来是八大菜系大显身手，没西北人什么戏，谁知道西贝这个蒙餐品牌能折腾到哪儿？那些年，贾国龙心中并没有一个明确的志向，决策比较随意，只要一个跟餐饮有关的项目能赚钱、有趣，他就要上手"整"。经营至今的西贝海鲜、九十九顶毡房都是那个阶段的产物，还有已成为历史的西贝锅锅、腾格里塔拉也是如此。

腾格里塔拉项目的创造最能体现贾国龙身上一种企业家少见的特质：深具艺术气质，很多时候感性多于理性。2000年，刚在北京立住脚的贾国龙曾筹划过一个集蒙古族饮食住宿、文艺演出、旅游观光为一体，占地24万平方米的"腾格里塔拉主题公园"项目，还曾认真地考察了深圳锦绣中华和世界之窗、昆明世博园和民族村、呼伦贝尔那达慕大会。虽然主题公园终因投资太大梦碎，但打造的一座享用自助蒙餐，同时欣赏蒙古族歌舞的腾格里塔拉酒楼，随后在京城掀起一股强悍的蒙古文化风暴。那场由蒙古族画家吉尔格楞策划的大型舞台剧《鄂尔多斯婚礼中的草原恋》火爆到什么程度？除了2004年腾格里塔拉艺术团应邀到巴黎参加中法文化年时中断了几天，演出连演了3088场。我没欣赏过这台演出，但我想，它之所以打动人心，是因为每个人心底都有一个"草原情结"——孕育了贾国龙和西贝的草原文化，具有极大的包容性和穿透力，她的博大、宽容能使每一个来的外乡人忘情地扑入草原的怀抱，成为一个对草原梦牵魂系的草原儿女。"腾格里塔拉"系蒙古语，意为"天上的草原"，腾格里塔拉艺术团的演出已成历史，但舞剧中那首吉尔格楞作词、乌兰托噶谱曲，被无数歌者演绎过的《天边》早已唱遍大江南北。一个小建议：您阅读本书过程中，不妨一边听这首歌，一边感受书中人物的喜怒哀乐，堪称绝配：

天边有一对双星

那是我梦中的眼睛

山中有一片晨雾

那是你昨夜的柔情

我要登上 登上山顶

去寻觅雾中的身影

我要跨上 跨上骏马

去追逐遥远的星星，星星

天边有一棵大树

那是我心中的绿荫

远方有一座高山

那是你博大的胸襟

我要树下 树下采撷

去编织美丽的憧憬

我要山下 山下放牧

去追寻你的足印，足印

我愿与你策马同行

奔驰在草原的深处

我愿与你展翅飞翔

遨游在蓝天的穹谷，穹谷

　　歌虽动人，但当年贾国龙内心却不踏实。那些年的西贝，典型的多品牌发展。2008年底，前伊利高管、同德同益咨询公司的姜鹰（后曾任西贝总裁）提出聚焦西贝莜面村的建议并被贾国龙采纳，西贝才开始有意识逐步聚焦于西贝莜面村品牌。直到2009年，西贝也不过20多家店，年营收不过5亿，别说比海底捞，行业地位还未必如眉州东坡、俏江南、净雅、湘鄂情、味千拉面等一长串名字。

21世纪前10年的西贝，基本没总部，几位创业总经理天各一方，贾国龙对他们说："你们好好做，慢慢做，咱们彼此感恩，挺好。"贾国龙自己呢，自称"甩手掌柜"，朋友一叫就走，开着越野车到处玩儿，顺便开开餐馆。心里能不惦记企业发展吗？可一去店里就闹心，当年西贝就那么少的店，去了还各种不满意，因为管理体系缺位，发现问题也没有解决抓手，只好刺激一顿干部，之后转头走人，一进沙漠玩儿就不想出来。后来贾国龙自己总结："做企业是越管越上瘾，越不管越不想管。"

多少企业赚了第一桶金，出人头地后，因为缺少动力，干着干着就把自己干老了，干没了。贾国龙也曾一度低迷，但好在没转行，也没无止境地挥霍，除了生意、穿沙，就是到处报名听课。贾国龙选课有讲究，经营管理之外，很多课都和心灵成长有关："我一直觉得领导力是自己的强项，我要强化这点。"

"我从刘一秒精神病院出院了！"

2009年的贾国龙特别低迷，这和他的身体息息相关。2007年在大连，几顿生毛蚶、冰啤酒吃坏了贾国龙的胃，看遍各大医院，浅表性胃炎，没大毛病，但自此吃什么都难受，人也面黄肌瘦。那时，贾国龙哪里会想到，自己会如今天这般，好似一位不知疲倦的斗士。当时自己的状态就是"走一步看一步"。

一天，贾国龙在某次培训课上被一个来自思八达企业培训机构的"战士"（思八达对销售员的称呼）缠得不胜其烦，从洗手间出来，怀里还被塞进一份资料和光碟，光碟名《宗教智慧》，主讲人刘一秒。晚上回家一看，有点意思，就报了刘一秒在呼和浩特的课。上课现场，礼堂里组织得乱哄哄，刘一秒出场，花衬衣、白裤子，往台上一跳，没任何开场，黑板上画一个大大的问号就算开课，无主题，台下谁有问题随便问，有时问题抛过来刘一秒再骂回去，开课前半小时贾国龙心想："这不上来一流氓嘛！"但贾国龙慢慢发现，挺简单幼稚的一个问题经刘一秒层层区辨，吓人一跳！比如有老板说"做企业就要爱顾客"。"打住!"刘一秒抓住这句话不放,你到底是爱"顾客"呢,还是爱"爱顾客"的好处?本质上人们都是爱"爱顾客"的好处——你作出了爱顾客的行动,顾客支持你的生意,于是你更爱顾客,顾客更支持你的生意,生意就玩儿活了——爱顾客是有好处的,别回避这一点。如果你"爱顾客"却始终得不到回报,你还能不能继续爱顾客?其实很难。

"包括爱员工、孝敬父母都是一个道理。"贾国龙说,作为一个领导者,把这些真实的东西——尤其是人情、人性区辨清楚就是力量,你会更释然,你就知道应该靠什么来驱动一个组织。

呼市3天课听完,"入戏"的贾国龙花20万把刘一秒所有课报了个遍,挨个儿听了一圈,最后一次课是2010年3月在肯尼亚上的"三弦智慧"。结课后,贾国龙给妻子张丽平发了一条短信:"我从刘一秒精神病院出院了。"

何出此言?当时贾国龙心里的很多"堵点"通了。首先,放大了贾国龙心中的梦想。"不争第一,我们干什么"是贾国龙骨子里永不服输的心劲儿,但想法不等于梦想,西贝创业阶段性成功后,贾国龙始终找不到持续做强事业的内心动力。刘一秒的几个观点对他启发很大:

"一个人的学问永远超不过他的志向。如果你心中就想帮

500人,无论如何也教不会你驾驭5000人的智慧。"

"小老板忙着管理人,大老板忙着成就人。"

"老板是干什么的?老板就是搭一个平台,帮助你的员工实现梦想。你能帮多少人实现梦想,你的事业就有多大。"

这些观点让贾国龙特别有感觉。近年来贾国龙多次讲,西贝既是开餐馆的,又是个"圆梦园":帮助每一个员工在西贝平台上实现梦想,一个人因为西贝变得成功、喜悦,贾国龙就特别自豪。也正因为要成就更多人的喜悦人生,所以西贝就要开到全球每一个城市、每一条街,随时随地,一顿好饭;随时随地,小吃小喝——这,正是贾国龙最大的梦想!

从肯尼亚回国,和一些整天围在刘一秒身边的同学不同,虽然也一度痴迷刘一秒的课,但贾国龙有意不往刘一秒身前"凑"。"总觉得关系太近了不对,"贾国龙暗示自己,"千万别陷进去,别成为任何一个人的信徒。"而在肯尼亚一次聚餐中,刘一秒走过来,拍拍贾国龙肩膀:"小贾(实际刘一秒比贾国龙还小几岁,但他叫谁前面都加一个'小'字),把自己身体调养好,你能做点事儿。"一句话给贾国龙莫大激励,首先是调理好自己的身体:"连自己身体都管理不好,想做成大事,谁信?"

回国在支生养生课主要靠"饿"治好折磨了自己近三年

的胃病后,贾国龙作出一个重要决定:"排满"。所谓"排满",就是全年无休。刘一秒有个词叫"交给":"你能把自己'交给'事业多少,你就会拥有多少事业。"他还说:"一个人排满3年,必出成绩。"从2010年起,贾国龙下决心排满3年,"看看西贝到底能干成啥样"。老板排满,干部们自然也被卷进来,整个组织如同上紧了发条,西贝内部调侃为"715""白加黑""夜总会"——每周工作7天,每天工作15个小时,白天加晚上,夜里总开会——哪止3年,到今天,这也是贾国龙和西贝人的常态。西贝业绩也一直在"正反馈"着贾国龙,从2009年到2018年,西贝营收从5亿到56亿,9年间翻了10倍。

排满,换这两年流行的词就是"All in"。"All in"听起来简单,可做到最难。"715""白加黑""夜总会",别说3年,坚持3个月你试试看?如何能"All in"?是不是每天有目标压着,或者是有如曾国藩所言"不为圣贤,便为禽兽"这样的危机感驱策,所以"All in"?"我还真不是被逼出来的,是乐趣。"贾国龙说,"过去梦想小,整天工作觉得苦兮兮的,梦想放大后就不觉得累了,就觉得西贝是一场大游戏,总想越玩儿越大、越玩儿越漂亮,就是要干个牛事,而且越玩儿越觉得你有能力带组织干一件很牛很牛的事儿。"我想,外人只看到贾国龙是一个"工作狂",但没看懂的是,贾国龙是一个"始终被成就感激励"着的工作狂,重点不是"工作狂",而是"始终被成就感激励"。读者朋友们不妨想一想,当下激励我们自己的成就感是什么?

贾国龙的大梦想是被刘一秒点燃的,而刘一秒至今充满争议。一方面,刘一秒在中国培训界创造了诸多奇迹:他创办的思八达年收入曾过20亿;听刘一秒讲课的一张门票动辄数万元,却总有上万学员蜂拥而至;他穿过的一件衣服被人花300多万元拍走……另一方面,一些老板被刘一秒"俘虏",课堂上给刘一秒磕头、跪拜,丢下企业追随"秒哥"的事实又让他背上了"江湖骗子"的恶名。有人劝贾国龙,你今天也是不小的企业家了,对外少提刘一秒对自己的影响,否则留下口实:"原来贾国龙也被成功学洗过脑!"

贾国龙摇头:"重要的是我从他身上学到了什么东西,就算刘一秒身上有什么问题,那是他的事,但我不能否认我是受他的点悟,真的是刘一秒让我想通很多事。"当年在刘一秒的课上,贾国龙有一次分享时感慨:"我实在不喜欢刘一秒这个人,但我真喜欢他讲的课!"

被"卡"住,遇到瓶颈,是企业人的常态。"我知道我卡住了,我就学习,"贾国龙扇起双手,"扑腾扑腾,至于什么时候突破，没法儿预期，但只要保持开放，保持学习，早晚会突破，真是量变到质变。"

定位"弯路"：老板进步一小步，企业进步一大步

排满后有些亢奋的贾国龙到处学习，有一阵子同时对标3家企业：服务学海底捞，环境学俏江南，产品学眉州东坡。"学习就是吃杂食，酸甜苦辣都是营养。"贾国龙还很快发现了实现梦想的工具：定位理论。

据西贝副总裁邓德海记述，2010年4月，贾国龙参加特劳特品牌定位课，10月参加品牌定位论坛，12月启动品牌定位战略咨询，2011年元月拿到特劳特公司咨询报告：将"西贝莜面村"品牌名称简化为"西贝"，品类定位"西北民间菜"，信任状"90%原料来自西北的乡野与草原"，力争中餐第一品牌。拿到咨询报告的贾国龙眼睛一亮，西贝上下迅速执行：调整菜单、更换门头、推出品牌故事广告……一番折腾下来，结果不甚理想。工商部门还找上门来：宣传90%原料来自西北的乡野与草原，90%，有数据证明吗？加上果蔬、调料，林林总总一算，哪有？贾国龙找到特劳特中国公司创始人邓德

隆:"邓老师,90%执行难度太大,能不能改成60%?"邓德隆回道:"不能改,80%都不行,90%才有戏剧性!"

2012年5月,特劳特提出"西贝战略推进与定位升级"报告,"西北民间菜"的定位改为"西北菜",认为一年来执行效果不佳主要是缺乏传播这一关键环节,建议补强广告传播:"在上海、北京、深圳,哪里能吃到草原的牛羊肉和乡野的五谷杂粮?当然去西贝。西贝,西北菜。"接到定位升级报告的贾国龙又很兴奋,再次调整菜单、更换门头、重做广告……但执行过程中仍有很多困惑。

为了解惑,西贝又与里斯定位咨询公司合作,按小时支付咨询费用。2012年9月,里斯公司再出咨询报告:

品牌:西贝

品类:西北菜

定位:中国烹羊专家

几乎一夜间,西贝快成了肉铺,门口、厨房、展架上全是羊肉,客单涨了十几块,但客流掉得厉害。

两年半来一直被定位理论"迅速占领顾客心智"观点边跑边修正的贾国龙开始反思:为什么西贝的定位实践,一学就会,却一用就错?定位理论确实助力一些快消品品牌走向成功,但西贝是服务业,拼的不是"同质化",而是顾客的"体验感":怎样让顾客来一次后还想来,并且一直喜欢你?"我们开始以为专家给一个定位就成功了,想用定位解决竞争力,这是一个误区。"有人曾调侃,如何泡妞成功?关键不在"情敌",而在"妞"。贾国龙渐渐意识到,定位理论本质上是竞争导向,但服务业必须老老实实地遵守顾客导向:"我本人有时也会有那种取巧意识,能不能别这么辛苦,然后就想要更好的结果?说实话,是不可能的,一分耕耘一分收获才是正常的。在顾客体验上稍有懈怠,稍有走捷径的心理,市场就会报复你。投机取巧只会让你小地方占便宜,大事上吃亏。"

贾国龙说:老板进步一小步,企业进步一大步。西贝干部对我说,过去贾国龙动辄讲营销,常说"一切皆营销",走进联合国、《舌尖上的中国》里的黄馍馍、张老汉空心挂面也的确是漂亮的营销作品,但这两年贾国龙更爱说"我们要做脏活儿、苦活儿、累活儿",要"坚持做正确的事,坚持做有难度的事,坚持做用时间才能积累出竞争优势的事"。2017年初西贝年会,贾国龙区辨销售与营销的一段话令我印象深刻:

"销售就是把货变成钱。同样一只烤全羊,你卖2000,我卖2200,我销售能力比你强。营销是什么?营销就是和顾客建立并不断深化关系,就是西贝一年6000万道菜、13 000名员工和3700万顾客的每一次链接。好比我们租这所学校的场地开年会,你没忍住在宿舍抽了一根烟,给人家留下坏印象,链接就断了。各种销售技巧我都认,但千万别只记着销售忘了营销,那是小游戏,千万别忘了和顾客的每一次链接,这才是大游戏,才是做生意最厉害的一招。"

2013年中,经历了西北民间菜、西贝西北菜、西贝烹羊专家三次改名,贾国龙决定第四次改名:回归西贝莜面村。之后,华与华创作了"I ❤ 莜"的超级符号,朗涛设计了如今西贝的方形LOGO,让西贝莜面村品牌一下子时尚起来。这一路折腾,外部议论纷纷,内部晕头转向,但贾国龙说:"西贝四次改名,就是为了搞清楚'我'是谁,定位这几千万花得值!"

说定位这几千万花得值,既要感谢定位咨询公司,也要归功于西贝自身。研究西贝有一条重要经验不容错过:快速试错。关键词不在试错,迷途知返,大多数人都能做到,难在"快速"二字。林男看来,99%企业沦为平庸的原因就两条:方向不清,强度不够。华为高级顾问吴春波说,一家企业能走多远,取决于速度乘以时间。速度可以理解为强度,强度不够,不敢碰硬,方向正确也难杀出重围。而西贝的过人之处有两条。

过人之处一：愿景不妥协，西贝所有试错都基于愿景。即使那几年一度在定位折腾中找不着北的西贝，当时几个版本的愿景也先后是"创建中国西北菜系，全球每一个城市都开有西贝，成为全球最受尊敬的餐饮品牌""成为最爱、开遍全球"。别的不动心，一门心思就是要把"一顿饭"做牛。

过人之处二：从上到下"玩儿真的"——真"舍得"拼命干，真"舍得"往里砸钱。哪怕错也砸钱，对也一致对，错也一致错，对不对都在"傻傻地"使劲儿干，试错足够，自然闯出一条路来。贾国龙说："企业的进步经常是跌跌撞撞，走三步退两步，但你快速走三步退两步也很厉害啊。"这些年西贝怎么从一个边缘蒙餐品牌蜕变为中餐领军企业？一言概之：方向对了，强度够了，跌跌撞撞中一路"打"上来的！

做企业、做人的道理都是这样。选择可能会错，但不选择，或者选择了不真干，代价更高。安迪·格鲁夫回忆英特尔转型时的一段话讲得一针见血："路径选错了，你就会死亡。但大多数公司的死亡，并不是由于选错路径，而是由于三心二意，在优柔寡断的决策过程中浪费了宝贵的资源，断送了自己的前途。所以，最危险的莫过于原地不动。"

西贝到底是谁？到底能给顾客创造什么独特价值？西贝人在定位试错的不断反思、学习和调整中，召开了密集的正式和非正式战略会议。

2012年7月贾国龙提出:"味道是西贝的命根子,更好的味道要成为西贝的关键能力。"

2013年3月,贾国龙提出"非常好吃、非常干净、非常热情"的价值主张,简称"三个非常"。

2014年4月,新一代西贝店面模型"三代店"刚问世几天,贾国龙召集干部讨论重塑西贝莜面村模式,用营销学经典的4P理论描述西贝战略:

1P(定位):地道中国西北菜,实心诚意的西贝待客之道——非常好吃、非常干净、非常热情,不好吃不要钱。

2P(菜品):菜品结构为:莜面+经典西北菜+其他配菜。其中小店33道菜,大店66道菜。

3P(价格):菜品绝对好,价格相对贵,坚决不能走低价路线。

4P(推广):全力秀手工,全力说健康,全力做好吃。

2014年7月,贾国龙在半年工作会上指出:我们永远追求最好吃,只有好吃才有叫客力。过去我们提出"非常好吃,非常干净,非常热情",是平均使力,现在调整为"非常非常非常好吃,非常干净,非常热情",从平均使力到超配好吃。至此,西贝的好吃战略正式形成。

对西贝将"好吃"确定为战略，定位拥趸们纷纷摇头："好吃，难道不是开餐馆的标配吗？也能算战略？"但贾国龙心中越来越笃定：什么是连锁餐饮的最高门槛？有机？天然？绿色？不，"好吃"这一看似理所当然的"标配"才是连锁餐饮的最高门槛，才是这个行业的本质。

"餐饮企业最常犯的错误是什么？"

有一次我在深圳和陈鹏鹏鹅肉饭店创始人陈鹏鹏聊起这个话题，不料鹏鹏脱口而出："产品不好吃啊！"怕我不信，他还伸出一只手，"深圳真正好吃的连锁餐厅，五个指头都数不出来。"看我一脸惊讶，陈鹏鹏说，有人说餐馆把饭做好吃是多么低级的提法，错，好吃固然是一家餐厅的本分，但——

"大部分餐厅都不够本分。"

很少有人真正搞清：什么是自己的最长项？

电影《史蒂夫·乔布斯》中有一句台词，苹果联合创始人沃兹尼亚克问乔布斯："你不是工程师，不是做产品的，也不是程序员，那你到底是干什么的？"

乔布斯的回答一针见血："我指挥乐队。"

对企业家而言,终极作品是其多年呕心沥血、亲手打造的组织。贾国龙的终极作品是什么?不是蒙古牛大骨,也不是西贝沙棘汁、酸奶,而是目前2万多人,未来或许20万人甚至更多人的整个组织。如何把这么大的组织"组织"起来,如何激励,又如何约束,让组织朝一个城墙口冲锋,是企业管理的根本挑战。"雕爷"孟醒曾在一篇文章中这样评价贾国龙:"贾国龙从来不是个做菜的大师,起码和大董(董振祥)比起来肯定不是。但他在组织建设、文化建设上,那真是奇才。"贾国龙今天驾驭大组织的能力与自信,是在西贝长期摸爬滚打中一步步重视、开发和强化的。

西贝发力"好吃战略"后,正逢西贝莜面村三代店问世,又撞上国内商业综合体兴起的风口,西贝进入良性发展快车道。贾国龙对业务也越来越有感觉,每次请朋友来西贝店里吃饭,都亲自讲解:来,尝尝西贝酸奶,门店现酿,蘸蜂蜜更好喝;浇汁莜面,借鉴意大利面的制作和呈现方式;牛大骨论根卖,中餐西餐化创新……一天,与管理学家、和君集团董事长王明夫一上午畅谈后,中午到西贝莜面村吃饭,席间,王明夫一句话刺激了贾国龙:

"贾总,海底捞张勇不久前也到我办公室聊了一上午,张勇和我谈了整整一上午'人',你和我谈了整整一上午

'菜'。"王明夫顿了顿，看着贾国龙说，"知道你们的差别了吧？"

贾国龙一愣，但他心领神会：王明夫嘴上说"差别"，其实在说"差距"："菜"和"人"的差距，西贝和海底捞的差距，贾国龙和张勇的差距。贾国龙第一反应是不服气：我也一直很注重人啊，先树人后有菜，只是没跟你说而已。但之后琢磨过味儿来，正因为自己天生擅长和人打交道，"人"上的事从没犯过愁，所以一直主要在业务上使力，乐此不疲。王明夫其实点醒了自己，随着企业越来越大，作为老板，必须有意识地由业务高手转变为组织高手。贾国龙接着往深想：自认为自己一直是个用人高手，和组织高手还有什么不同？**用人高手眼中看到的是一个个具体的人，张三、李四、王五……而真正的组织高手应该"目中无人"，没有具体的谁、谁、谁，只有人性——人心虽然各异，人性却彼此相同。**有管理大师曾曰：我不相信人，但相信人性！

贾国龙越想越兴奋：过去邀请一大帮朋友进沙漠穿沙，最爽的时刻不是贾国龙自己玩儿嗨，也不是某几个人玩儿嗨，当看着所有人都情不自禁地"入戏"，越来越多人"入戏"，自己在一旁欣赏、喝彩，那个时刻自己最喜悦！这让他对自己的最长项，或者说最大潜力所在有了更深刻的领悟。

这里林男多说两句。人们通常花大量精力反省和弥补自己的短板，或者整天忙着学别人长处，却很少有人向内看——真正下工夫搞清自己最有价值的优势是什么？风格是什么？观察天下顶尖高手，无论哪行哪业，不都始终把自己聚焦在能够做出最大贡献的地方，玩儿命放大自己的优势？一个人要有所作为，必须找到优势、专注优势、放大优势，放大、放大、再放大。

一次，我和贾国龙同车从沙漠回京，我懊恼自己研究企业这么多年，可常常还挠不到企业经营管理的"痒处"——其实是在西贝内部讨论问题时，通常我拿不出能"镇住大家"的观点，心里有挫败感——我对贾国龙说："背后是自己深度思考能力不足啊。"本想从贾国龙那里讨几个提高管理认知的窍道，不料他纠正说："林男，其实你在一些地方的深度思考能力是够的，你能把人写活，写出来的企业故事就能打动人，至于你说对管理的认知不够，问题你不是上手干企业的人啊。"对呀，贾林男需要比贾国龙更懂经营西贝吗？可能吗？但我笔下的商业故事就能走进读者心里。一个人能出头，并非因为擅长补短板，而在于做自己擅长的事，持续做，做绝，一剑封喉！

西贝开会时，贾国龙常"敲打"高管：人应该越修炼越纯粹，而不是十八般武艺样样通，样样松——想干的事一大堆，背后通常是自信不够，本领恐慌。所以："你们各自的业务不能越来越多，应该越来越少，但要求越来越高，把你们手里的活儿'留到最少，做到最好'！"

贾国龙说，世上很多人都有天才的一面，所谓天才，就是在某个点上有超过普通人的悟性。他逐渐探索到，驾驭大组织，"聚众玩乐"，不正是我贾国龙的热情、悟性所在？2014年西贝确立"好吃战略"后，贾国龙一手业务，一手组织，把生命倾注在两件作品的创作上：一是能开遍全球的"小西贝"模式，二就是西贝这个大组织。

下面就来看贾国龙是如何一步步强化自己的优势，激励和打造西贝这个近3万人的大团队的。

其实，组织最容易被卡住的是价值观

今天西贝无论内部开会、外部交流，都不会错过一张图：《西贝蓝图》。这张图上的每一个字，都是自2015年始，贾国龙率西贝全体中高管，在产通天下领导力教练引导下，从每个人的人生召唤出发，经过无数个日日夜夜的生发，一个字一个字凿出来的。至今，西贝每年还会拿出10天左右时间，全

西贝蓝图

使命：创造喜悦人生

愿景

- 全球
- 每一个城市
- 每一条街
- 都开有西贝
- 一顿好饭
- 随时随地
- 因为西贝
- 人生喜悦

承诺

- 发展企业：我们承诺，心怀使命和人生召唤，珍视核心价值观，荣耀承诺，一切服务顾客。
- 好汉精神，实现企业愿景，践行工匠精神与荣耀承诺，一切服务顾客。
- 成就团队：我们承诺，建立一个革命性的支持平台，我们在这个平台上工作、学习、成长，成为事业合伙人，分享公司发展的成果，实现梦想，创造喜悦人生。
- 幸福顾客：我们承诺，坚守实心诚意的西贝待客之道，想方设法为顾客创造惊喜，闭着眼睛点，道道都好吃。
- 回报股东：我们承诺，为股东创造超过预期的收益，股东以投资西贝为骄傲，并且人生喜悦。
- 共赢合作者：我们承诺，创造平等信任、喜悦共赢、共同成长的关系。
- 保护环境：我们承诺，选用天然精良食材，引领源头生态产业健康发展。
- 造福社会：我们承诺，诚信经营，创造喜悦就业环境，提升人们的生活品质，推动社会进步。

核心价值观

- 爱：从心出发，爱自己、爱家人、爱伙伴、爱顾客
- 真实：讲真话，玩真的
- 负责任：我是一切事情的起因，我选择这样看待
- 荣耀承诺：给予自己的话最高的尊重，我就是我说的话，我值得信赖
- 我的西贝：共担责任和风险，共享权力和成果

工匠精神

- 热爱：爱岗敬业，乐在其中
- 坚持：持之以恒，永不言弃
- 精准：精确准确，不差毫厘
- 创新：敢于试错，持续优化
- 专注：觉察同道，心无旁骛

好汉精神

- 不争第一、我们干什么！
- 使命必达
- 把爱传出去，贡献他人
- 把利分下去，慷慨待人

2019年5月29日第14次修订版《西贝蓝图》

体干部对照西贝蓝图讨论、优化。西贝蓝图就是西贝的顶层设计，是全体西贝人时时刻刻的指导思想和行为准则，最大的价值就是从上到下明确了西贝的使命、愿景、核心价值观。贾国龙说，做企业的人有时也爱玩文字游戏，说些有情怀的话，但很多话只是过过嘴瘾，其实经不住现实推敲，但西贝蓝图上的每一句话都能对照事实，能这样说，也能这样做。

本书很多故事中，不少西贝人都提到了自己的"人生召唤"。什么是人生召唤？简单讲就是扪心三问：你这辈子为什么而活？想过成什么样？什么事真正触动了你的内心，并让你愿意为之奋斗一生？根据西贝副总裁邓德海的记述，2015年5月，贾国龙向20位高管分享了他自己的人生召唤。

贾国龙说："刚创业时，我主要为了赚钱，出人头地。生意做大后，我选择了让更多人实现财务自由，过得幸福。我的人生召唤是'创造全新的可能，实现一个原本无论如何都不会发生的未来'。"

产通天下领导力教练、美国老头理查德说：虽然人生召唤的源头是自己的内心，但它不只关于自己，更关乎别人。他对贾国龙说，在你的人生召唤前加上"人们"两个字试试。贾国龙再念："人们创造全新的可能，实现一个原本无论如何都不会发生的未来。"加上"人们"两个字后，贾国龙觉得很神奇，自己的人生召唤一下变得更有力量。他说过，当立足点是你自己时，往往负担挺重，但当立足点包括了别人，你一下就变得轻松和无所畏惧。（人生召唤是可以改动的，只要能让自己更有力量。2018年，贾国龙将自己的人生召唤改为"人们为梦想而活，创造全新的可能"。）

接着，每位高级干部都分享了自己的人生召唤，虽然不尽相同，但其核心都围绕几个关键词："爱""喜悦""自由""幸福"。在林男看来，这正是人生召唤的魅力所在：世上多少人为主义、门派、"文明的冲突"纷争不休，乃至大动干戈，但有谁会拒绝让自己、父母、子女、身边人过上喜悦自由的生活呢？

第二天，贾国龙对干部们说：西贝存在的根本意图是让生活更美好。我们为顾客提供好吃健康的菜品、热情友好的服务、舒适的环境。因为我们，人们的生活更美好、更喜悦。所以西贝使命应该是创造并实现喜悦的人生，喜悦地生活。在领导力教练理查德和张菁的建议下，西贝使命明确为"创造喜悦人生"。齐立强说：西贝原来的使命是"成就员工，幸福顾客"，都是在为自己找意义，但"创造喜悦人生"让人感觉很爽，不是成就了才喜悦，而是在成就路上就喜悦，当下就喜悦。试想，当公司里每个人的人生召唤、人生目标都与公司使命相吻合,为自己、顾客、伙伴、亲友获得"爱""幸福"和"喜悦"而奋斗,那会爆发出多大的能量!

西贝使命明确后,理查德问,如果"创造喜悦人生"的使命实现了,西贝会是怎样的?

贾国龙说,西贝就会成为像麦当劳、星巴克这样的品牌,全球每一个城市、每一条街都开有西贝。经集体打磨,西贝愿景诞生了:"全球每一个城市、每一条街都开有西贝,是顾客最爱用餐地,因为西贝,人生喜悦!"(2018年底修订为:全球每一个城市、每一条街都开有西贝,一顿好饭,随时随地,因为西贝,人生喜悦!)

如果说西贝使命回答了"我是谁",西贝愿景明确了"到哪儿去",西贝的五条核心价值观则解释了"怎么去"。

> 爱:从心出发,爱自己、爱家人、爱伙伴、爱顾客。
> 真实:讲真话,玩真的。
> 负责任:我是一切事情的起因,我选择这样看待。
> 荣耀承诺:给予自己的话最高的尊重,我就是我说的话,我值得信赖。
> 我的西贝:共担责任和风险,共享权力和成果。

外界经常好奇：西贝这么能折腾，天天变，昨天做面，今天做馍，明天不知道又要搞什么新花样，但为何队伍不散，战斗力很强？我的理解：**西贝是一家愿景、使命、核心价值观驱动，而不是机会、"风口"驱动的公司**。西贝固然总在变，而且往往变得缺少章法，但"形散神聚"，有一些东西是不变的，就是西贝蓝图上的那些字眼，使命、愿景、核心价值观、承诺、工匠精神和好汉精神，它们好比西贝变革管理中的定海神针，而且这根"针"要在组织里扎得越来越深。

经常有人问，西贝30多年来最根本、最重要的创新是什么？我赞同西贝副总裁邓德海的观点："其实是西贝蓝图。西贝蓝图是西贝经营管理背后的底层逻辑，是和其他公司最根本的差异。"也可以说，西贝蓝图是贾国龙的DNA，是西贝老板的初心。

这背后，是贾国龙对西贝之"道"，而不只是"术"多年探索的成果。"我一直觉得技术问题卡不住人，一个组织最容易被卡住的是价值观，价值观卡住了，企业就封顶了。"贾国龙说。

北京大学国家发展研究院教授宫玉振随正和岛商学院访问西贝时说，一个企业的价值观如果不能和所处时代共振，企业是很难跟它的时代持续共振的，这除了考验领导者本人的价值观，更大的考验是，领导者的价值观一定要通过一个个员工传递给顾客，否则"价值观不落地，没价值"。既然一家公司只能在从老板到基层员工共同认定的价值观内成长，那么问题来了：创始人、企业家的价值观如何传递给一线员工？如何不断提高全体员工的精神境界？做企业的朋友们，此中真义，值得深思！

贾国龙的财富观："贫富差距过大，终究是富人的麻烦"

创造出清晰、独特、上下认同的企业文化和蓝图之外，贾国龙驾驭数万人的西贝大组织的另一个法门是分利机制。

任正非说，把钱分好，企业管理问题解决大半。本书有一章《先分钱，再赚钱》，专讲西贝分钱的故事。本章既然讲贾国龙成长史，讲贾国龙如何打造西贝大组织这件产品，需要点睛一笔的是贾国龙的财富观。

2016年夏天，贾国龙和高管们探讨一个话题：西贝作为劳动密集型的餐饮企业，到底人对企业发展贡献更大，还是资本的更大？结论：人的作用更大。要实现西贝愿景"全球每一个城市、每一条街都开有西贝，一顿好饭，随时随地，因为西贝，人生喜悦"，光靠钱砸不出来。资本、设备乃至食材都好复制，最难复制的是人：一个个动力十足、训练有素的操心小老板和一线员工。贾国龙说："我们不是找一个有钱人开一家店，我们偏要找那些肯奋斗、诚实、有生意感觉的普通人，有意给他们多分利，培养他们从无产者变成有产者。"

相对于靠劳动获取回报的奋斗者，公司里还有一种人，一次入股终身分红，靠投资就可以坐享其成，贾国龙称之为"食利者"。人们私下也会议论，哪个股东、哪个投资人不出力还挣大钱，是凭真本事挣来的吗？我们的贡献真是普通劳动者100倍、200倍吗？贾国龙又往深问了一个问题：

公司里最大的食利者是谁？

"其实是创始人，在西贝就是我。"贾国龙说，"虽然我付出很多，但得到的回报和付出真匹配吗？觉醒了，就要带头把钱分出去。"

贾国龙夫妇公开承诺带头向下分利，每年拿出自己一半以上的分红发奖金。2017年和2018年，贾国龙夫妇先后发出7000万元和8000万元"喜悦奖"激励总部职业经理人和员工。门店是西贝唯一利润来源，目前西贝门店中，总部占60%股份，而贾国龙夫妇又是总部绝对大股东。贾国龙曾对我说，未来门店创造100块钱利润，自己只留15块就够了。"这15块钱我干什么呢？比如持续投资职业教育——西贝美食艺术学校,要把它打造成世界级的美食艺术学校,吃掉大家利润的事儿,我自己花钱就行了。"

节制欲望过度,组织才能生生不息。贾国龙还和分部总经理、总部高管约定:年总收入超千万者,实际所得超出1000万元部分,拿出50%作为"惊喜奖"激励自己团队里的各级奋斗者。天哪,这一条实在有点"反人性":明明合理合法该挣到手的钱,偏要人家分出去,贾国龙不怕高管们造反?带头分利的贾国龙对自己这套"激励与约束"的手法信心十足:"西贝利益分配原则之一就是保护'老大',对分部总经理、总部高管的各种激励足够,所以只有把他们的收入欲望节制住,不再产生新的食利阶层,才能激励一线奋斗者创造出更大价值,才能保证西贝长盛不衰。这个游戏越往后越厉害!"

贾国龙这样做,是因为他想透了一些问题。闲谈时他说:"人啊,随着年龄增长,往往消费能力越来越强,但消费欲望越来越弱。你说,我自己拿再多钱有啥用呢?"贾国龙一点点影响身边的高级干部,"记住,社会给了我们挣钱的机会,是因为我们可以把钱用得更好。"

贾国龙还说:"当代中国,很多富人优越感过强。然而,贫富差距过大,终究是富人的麻烦。所以,西贝要善待劳动者,通过先富帮后富,实现共同富裕!"

西贝为何"永远"不上市?

2018年10月底,我写作的《西贝永远不上市,把利分给奋斗者》一文在正和岛微信公众号发表,后被转载无数,引发强烈反响,有读者留言:"像贾国龙这样把大部分利分出去,太难太难,有几位老板做得到?"还有人说:"贾总,良心企业家,大善人!"对这些赞誉,贾国龙不接招,相反,他承认自己其实是一个很以自我为中心的人:

"可能有人会把贾国龙说得多么高大上,真不是,我不是那种大公无私的人,其实我是从分利中得到好处了。"贾国龙最怕人们"美化"自己,把西贝向下分利当作道德垂范。其实就是最基本的经济法则:先分钱,再赚钱;分好了,分得越多,赚得越多。而且,贾国龙得到的好处不只是利,还有巨大的乐趣和成就感。

贾国龙爱拿打麻将举例:熬夜、抽烟,搞得屋子里乌烟瘴气,"工作环境"多么恶劣,前半夜赢后半夜输,一分没赚,可多少人玩儿起来没够。贾国龙不善麻将,曾迷上穿沙,一进沙漠就不想出来。但今天他发现,最好玩儿、最上瘾的不是别的，就是做企业，就是把小西贝做成大西贝，把大西贝做成大家的西贝。这个过程中：

首先，有利。

其次，有趣。他说，做企业好玩儿就好玩儿在天天应对各种不确定性和挑战，有时今天都定不了明天的事儿，一次次闯关成功带来的乐趣，不和解出一道数学难题一样一样的？

最后，有意义。使命、愿景、价值观，越来越多的顾客、员工"因为西贝，人生喜悦"，这些都属于西贝这场大游戏中有意义的部分。

"有利、有趣、有意义，这种事儿你上哪儿找去？"他常自我感慨，这又何尝不是一种自我激励？

这也能解释为什么贾国龙选择"西贝永远不上市"。2013年后，西贝前后引入三家基金公司的资本计划上市，有人问，西贝与资本是不是有过一些"恩怨情仇"？据西贝前CFO刘勇燕回忆，当有一次投资人在内部会议抛出"根据国际大公司经验，对高管团队的持股激励一般不超过10%"后，正惦记着把西贝分部持股比例从30%增至40%的贾国龙一下子从椅子上跳起来，冲投资人大发雷霆，不惜说了很多狠话，之后逐步回购股份，选择不上市。

贾国龙说："逐利是资本的本性，这一点问题没有，但我一个企业家追求的可不只是利啊。有利、有趣、有意义，利只是目的之一，是实现其他目的的手段。当'利'和'有趣'、'有意义'发生矛盾时，我宁愿暂时少挣点钱，也要保住这场游戏，让它能持续玩儿下去。如果这时资本有话语权就麻烦了。"

贾国龙说过一句话：企业是企业家的游戏。我提出质疑：西贝怎么能是你贾国龙一个人的游戏呢？应该是全体西贝人的游戏啊。贾国龙解释，他其实说了一句大实话——他作为创始人，要在自己有生之年能完全掌控企业。企业还要持续发展，如果企业高速发展但冒极大风险，甚至创始人失去掌控权，这样的游戏，不玩儿也罢。

贾国龙强调，西贝选择不上市，无所谓对错——世界上大多数顶尖公司仍然是上市公司，西贝不上市只是贾国龙的一种选择。

就如前面提到过的，贾国龙对于不上市，一定要加上"永远"两个字。"就是要把话说绝，断了人们的念想。"

西贝是一场大游戏，贾国龙自己是编剧、导演兼主演，近年来，贾国龙的这种心态越来越强烈。这种心态最大好处是让贾国龙没那么多纠结了："我真是把做企业当游戏玩的，不是我一个人玩的游戏，而是我驱动一群人玩一场大游戏。大方向是我定的，节奏是我定的，但过程中每一个人去创造，我对每一个做出成果的人进行正向激励。既然是玩游戏，我真不特别在乎某一局游戏输了还是赢了，因为游戏是连续的，反正要永远玩儿下去，所以一定要全情投入，一定要玩儿得开心，而且还要证明自己是玩儿的高手。"

人都需要金子，但不只需要金子

陪伴西贝这几年，常有人问：贾国龙是一个什么样的人？

我回答：贾国龙是一个很感性的企业家。

在每天清晨6点推送的微信公众号《西贝品味早读》上，西贝人讲述自己的故事，贾国龙经常读着读着就开始找纸巾拭泪。

在经济学家周其仁看来，什么叫决策？运用一部分公共知识，大量运用你的个人知识，再加上直觉。贾国龙做决策就比较相信直觉，"很多东西靠算算不出来，要靠感觉"，常常即兴发挥。

贾国龙像一位大导演，导演西贝这场戏。一次他对西贝营销顾问华与华的伙伴们谈起2019年西贝莜面村要重点打造的几个场景，包括蒙古牛大骨档口、酸奶站、莜面妹和莜面车时说："你们不觉得西贝莜面村就是个剧场吗？每天上演着活生生的故事……"

2018年6月，连续几天会议结束后，西贝干部们挺进库布齐沙漠深处，烤串儿、喝酒、摔跤、赏月、朗诵、飙歌，不少人半夜2点半才兴尽归去。次日早餐，大家还在回味昨夜的心境，唯独贾国龙满脸遗憾："昨夜月色多美，本该以一首月亮主题的歌，比如《明月几时有》收尾，可最后咱们合唱了啥歌？《朋友》《恰似你的温柔》《明天会更好》，哎，没升华到那种意境！"

企业是功利组织，贾国龙为什么还那么重视"意境"？个人偏好外，贾国龙有意打造的西贝文化的特质是有黏性，但不俗。大到西贝蓝图、西贝梦想工程和好汉工程，让人想起来都有一种很温暖的走心感；小到西贝人喝酒的规矩：可以喝，但醉酒要罚款，同时不提倡隔桌敬酒。贾国龙认为，一家公司，员工整天干活、挣钱，干活、挣钱，没错，但组织有啥魅力呢？光靠赤裸裸地大麻包分钱，够刺激，但持久性要打问号。组织的言行举止，在功利之外还一定要有一种"美"，一种"简洁而优美"的愉悦感。"美"看似没用，不能当饭吃，但又有大用，"无利害而生愉快"！个中道理好比搭配一顿饭菜：

"如果西贝莜面村把莜面拿掉，就是一堆牛羊肉，变成肉店，销售也没问题，但持久性呢？西贝这个组织30年来为什么能持续壮大，和组织有美感有非常大的关系。"贾国龙始终警惕，不把组织引向只有"销售"一个目标的道路。

写作西贝人的故事时，我也常问自己：人，真的都是唯利是图的吗？未必，人都需要金子，但绝不只需要金子。

贾国龙说："顾客到底来西贝买什么？真的是来过肉瘾？其实顾客是既理性又感性的，顾客来西贝真的是来买体验，真、善、美就是体验：西贝能不能更真？能不能更善？能不能更美？品牌最怕做着做着变得很功利，很生硬。"

总结一下，贾国龙驾驭西贝几万人大组织，有一条"实线"，比如分利机制、西贝赛场；还有一条"虚线"，比如西贝蓝图、梦想工程、好汉工程。实的虚的，虚的实的，配比要好，还要把虚的做实，把实的做虚。如何激励，如何约束，最终让组织自驱动，如何拿捏其中的方向、节奏、火候、尺度，真是件"手艺活儿"。可这正是贾国龙乐趣所在！

如今西贝组织人越来越多，贾国龙常自信满满地说自己越发得心应手、收放自如。"羊多了好放！"贾国龙说，草原牧羊的经验是，**羊越少越难放，总乱跑，成百上千只羊组成的**

大羊群反而好放,羊群跟着头羊跑,反而管得少。他说自己从不"怵"组织人多。"现在西贝2万多人,比200多人、2000多人时好管多了,组织再放大会更好管。"但他也不忘提醒自己,"前提是控制好我自己的私心。"

今天的贾国龙仍然爱谈"菜",但花更多精力打磨"组织"。其实,他的最强项从来不是"弄菜",而是"弄人"和驾驭大组织。对西贝来说,什么是天下?并非要开遍全球的门店,而是人。所以,"得天下"就是"得人""得人心"。某种程度上,所有老板都在经营一个行业:经营人。贾国龙说,西贝战略就是人力资源战略:"中国2000多万餐饮从业者,你能驾驭多少人,就能玩多大的游戏!"

弯路也是路!

西贝的故事写到这儿,一定有读者感慨:成为优秀公司真幸福,可以对员工好,对顾客好,对合作伙伴好。对越多人好,公司越成功。但公司要"大施菩萨心",谈何容易!经济形势、商业环境本就复杂多变,要对所有人好,只能对自己狠!西贝好汉工程说"好汉养千口",但残酷的市场竞争中,是"模式创新养千口",没有业务上的大创新,创造不出足够利润去分配,西贝到哪里去成就10万个喜悦的小老板?何谈让更多人"因为西贝,人生喜悦"?

这,才是玩转西贝"成就人"大游戏的关键!

西贝愿景"全球每一个城市每一条街,都开有西贝,一顿好饭,随时随地,因为西贝,人生喜悦"确立后,贾国龙无论到哪儿——纽约、巴黎、上海、老家临河小城,居民区、大学、机场、高铁站、高速公路收费站——走到哪儿琢磨到哪儿:这里能不能开一家西贝?开多大?靠什么样的魅力融入当地人的生活?贾国龙心里明白,当下西贝主流的三代店仍是菜系模式,还是太复杂,不像火锅那样容易标准化,西贝三代店能把触角伸到"每个城市每条街"吗?没戏。所以,西贝必须变"小"。未来"小西贝"什么样?2015年,贾国龙描绘了未来西贝业务的"五小"模式:

1. 小吃:少而精的健康特色菜品,闭着眼睛点,道道都好吃。

2. 小喝:健康而有特色的饮品。

3. 小贵:物有所值。

4. 小店:小而美的门店。

5. 小老板：操心+职业+稳定的店长。

在正餐领域打拼近30年的贾国龙发现，餐饮业的最高境界其实是做快餐。"把一项创新大规模复制到全球才算做企业，"2015年底贾国龙说，他越发佩服麦当劳、星巴克等国际品牌的厉害，"只有做快餐才能把西贝推成国际大牌，我决心用下半辈子去赌这件事。"贾国龙说，所谓快餐，就是快速地吃一顿好饭。如何让人们快速、方便、舒服地吃一顿好饭是社会难题。此后几年，他全身心跳进了快餐这个"坑"。

为什么说快餐是个"坑"？听林男一步步讲来。

2015年5月，西贝快餐项目（西贝内部叫五代店项目）正式启动。此时，在市场上打出威风的西贝三代店才问世一年，贾国龙启动了西贝赛场，有了一套机制对西贝莜面村门店进行激励与约束，他自己的主要精力，乃至整个西贝组织的能力都配给到五代店，自2015年始，西贝高管开会，贾国龙谈西贝莜面村业务的时候少之又少，各种创意行动安排全是五代店、五代店、五代店。2017年夏，麦香村一号店开出后，贾国龙决定将战略重心转移到新业务上来，3年开1000家麦香村，放缓西贝莜面村开店速度，他对一心想跑马圈地开更多西贝莜面村的分部总经理们说："咱们西贝莜面村是落后的生产模式，模式效率远远低于麦香村，你们要开我不反对，但我背后说，这个傻瓜，汽车都发明出来了还要造马车……"贾国龙还说："做企业就是要站在未来看现在，找机会，抓机会，30年来我们一直在为打未来更大的仗训练队伍，西贝就是要在最好的时候奔未来。"

承载实现西贝愿景大任的五代店，最初品牌名为"西贝莜面工坊"，定位莜面专卖店，门店面积为100~200平米，产品组合主打莜面系列产品，配杂粮点心、开胃小菜和特色饮品。其中一道招牌莜面，盛器是一只超级大瓷碗，端起来能遮住人整张脸和上半身，这只大碗是贾国龙在日本"偷"来的灵感，他自诩为"神来之笔"。历来，贾国龙"All in"的事，西贝大厨、高管几乎全被卷进来。五代店立项后一年多，贾国龙亲自手写了无数版菜单，门店环境也多次迭代，品牌名从"西贝莜面工坊"改到"西贝燕麦工坊"再改到"西贝燕麦面"，改、改、改，改到西贝燕麦面，贾国龙觉得这回，成了。

2016年9月，贾国龙在正和岛餐饮老板特训营上对外吹出大牛：西贝燕麦面，开到10万+店！"我到底想开一家什么样的饭馆？"贾国龙自问自答，"人的加油站，饿了就想来，到处都有，就近加油。"但几天后风云突变，"西贝燕麦面"封测会，60多位美食家、餐饮同行和顾客代表普遍反馈：一是燕麦面的品类人们比较陌生；二是西贝燕麦面的菜品、环境呈现方式，好精致啊。贾国龙嗅出味道不对：品类陌生、过于精致就会小众，西贝燕麦面经过九九八十一改，已经改得不是开10万+店的种子了！封测会结束当晚，贾国龙决定：停止西贝燕麦面项目，推倒重来！

一刻不停，西贝五代店探索启动第二幕"大戏"：麦香村。

先是一口锅。

下面煮，上面蒸，一锅一人食。"这个灵感做梦般地击中了我！"2017年1月西贝年会上，贾国龙把一人高的、手持麦子权杖的大麦哥的麦香村LOGO请上台，对上千名西贝伙伴推广他的新发明：这个模式作为价值高地、价格洼地，东西南北通吃，堂食外卖全覆盖，后台超级简单，只需要强大的系统，放到任何一条街上，就是"客流抽水机"——不是优选，是首选！或许是台下气氛不如贾国龙预想得热烈，他又冲台下的西贝干部提高了嗓门："此处应有掌声！"

此后，麦香村项目组的厨师、运营、工程、设计团队的工作可谓高强高压、脱皮掉肉：夜宿厨房的产品压力测试，短短7天完成厨房改造与设计，他们笑称，自己不像篮球巨星科比那样见过凌晨4点的洛杉矶,但没少见北京凌晨四五点钟的第一缕阳光。麦香村试验过的边界有多大:炒锅炖菜加蒸菜,新疆手抓饭和广东煲仔饭结合的手抓饭,西北的焖面,江浙的黄鱼面、片儿川和腌笃鲜,八大菜系的小碗蒸菜,潮汕的砂锅粥……

2017年7月1日,麦香村一号店在北京工体试运营,贾国龙请来一众快餐老板测评,结果很扫贾国龙的"兴",一位80后餐饮老板对我说:"出餐时间慢,翻台率、坪效都算不过来账,肯定亏啊,唉,推倒重来吧!"

之后我和贾国龙聊天。"千万别着急,明后两天我们还停业改造厨房,重新确定菜单呢。"贾国龙仿佛在给我,其实是给自己打气,"因为只有老板能看清本质,外人得到的都不是全面信息,麦香村绝对是接地气、可以大规模复制的模式,三年开1000家店,一点点问题都没有,百分之百成功。"

"你有没有觉得自己受到梦想驱动,有一点自恋?"我问。

"林男,我开了30年饭馆,没有做不成的理由。要有战略耐性,麦香村就是一顿好饭,高频、刚需又不贵,好吃、快上、合理成本、有特色、难模仿,这些基本点守住,无非就需要时间,开1000家麦香村以前我真不在乎有多少利。这是大组织玩的游戏，西贝要死缠烂打、严防死守、必须成功。"

"你会不会把西贝莜面村看'小'了？"我又问。言下之意，当时西贝莜面村三代店模式已经被市场验证成功，开一家火一家，贾国龙为什么不乘胜追击？痴迷于五代店会不会耽误西贝莜面村建立中餐绝对领先地位的机会？

"莜面村开到1000家比麦香村开到10000家还难，因为管控点太多，模式太复杂，跑不快。"当时贾国龙咬定的认知是，"快餐是在大市场里抢一小块，正餐是在小市场里抢一大块，多累啊，稍一松懈就滑下来。再说，下棋得找高手下，正餐里高手不多啊，西贝要参加国际比赛还得靠快餐。"

再是一碗面。

2017年7月18日，西贝在北京亚洲大酒店召开麦香村业务新闻发布会，贾国龙和西贝的企图心从发布会主题一眼可见：开遍全球10万+，做好一顿饭，服务亿万人。贾国龙上台："我不讲了，大家直接问问题吧。"有记者恭维贾国龙："贾总愿力大过天！"可话锋一转，带着质疑的口气问："您这大张旗鼓地要开10万+店，凭啥？怎么算出来的？"贾国龙微微昂起头，轻轻拍拍麦克风，反问记者："麦当劳、肯德基、赛百味，全球加起来开多少家？10万家。美国多少人口？3亿。中国14亿人，60万个村庄，300万家注册餐馆，还有300万家未注册餐馆，做成10万+品牌的可能性当然存在啊，况且我是给西贝未来几代人做的设计啊。"

发布会后，麦香村菜单也换成了面：油泼面、汤面、拌面，配小碗菜浇头。其中"带头大哥"是油泼扯面，推广语"滚油一泼，香到入魂"。贾国龙在内部说，他对麦香村的设计基于自己对餐饮业的终局判断，未来领导餐饮行业的企业一定满足几条原则：好产品、实价格、重体验、零距离。他说，麦香村就是一家面馆，愿景是"做中国面匠，服务亿万人"，对手不是兰州拉面，是日本拉面，要进行"一碗面的抗日战争"。"一碗面的抗日战争"虽是戏称，但已反映出贾国龙内心多么渴望迅速赢下这场未来之战，他也背上了"只准赢，不准输"的包袱。网上评论也传到贾国龙耳朵里，但贾国龙根本不以为然："舍本逐末，个人梦想前置。相比10万家麦香村，我更愿意先看到500家西贝。我们缺的不是快餐店，而是真正放心的正餐厅。"

2017年8月，贾国龙到湖畔大学上课，路过嘉兴高速公路服务区时吃美了一碗乌镇羊肉面，被打动，在湖畔大学课堂上就不停琢磨：西贝燕麦面、麦香村一直想开成加油站，加油站就要奉行总成本领先策略，但西贝30年来的打法就是优质优价,骨子里没有总成本领先的基因,能做成加油站吗?不做加油站做什么?贾国龙顿悟,在白纸上写下:餐饮分两派,一派吃饱,一派解馋,麦香村要做一家让人解馋、过足肉瘾的品牌。于是麦香村再次改头换"面":"带头大哥"从油泼面换成了大块羊肉面,一碗面,足足半斤草原羊肉,这回彻底过足肉瘾。回京后,在干部面前,贾国龙再次孩子般激动地宣讲他的新发明:"这回绝对成!"但一盆凉水兜头而至。

"你说'绝对成'都100次了,有人不好意思问你,问我:贾总判断力到底行不行啊?"参会的西贝顾问、华与华董事长华杉起身说,"不要想'绝对成',没那么简单!两年多,西贝五代店每一个产品都是浅尝辄止,这不是快速迭代,是快速转换阵地,这就不是做事的逻辑……我断定你羊肉面不成,去趟嘉兴加油站就成了,简直没天理了。"

创业几十年,贾国龙说自己其实在外面没面子的时候少,在企业内部没面子的时候多。老板做错了事,干部们有意回避,或者私下议论,自己会觉得很伤面子,很难受,但要接受。"因为那是你的事,公司是你的公司,你不能为了维护面子就不改,挽回面子的唯一方式是重新做对。"但像华杉这次,当着西贝干部的面"炮轰"贾国龙的时候真不多。

"华总,说我怎么老是'又找到感觉'了,别人眼里这家伙是不是有点自高自大？但我是真的'又找到感觉了'呀，就是此时此刻，我把过去否定掉了，三天后可能又把今天否定掉了，之前我坚决拥护是真实的，后来我坚决反对也是真实的，不是我要故意表演给谁看。"贾国龙回应，"企业在市场上试验就是让顾客骂，说你老板怎么又错了——不是又错了，是天天错，脸皮薄不行。这和爱迪生发明灯泡那个故事的道理一样，别人指责你失败了上千次，爱迪生说，不，是我上千次成功地知道了：这儿、这儿、这儿……此路不通！所以你说，没走通算不算成果？"

大块羊肉面的命运？市场反应比油泼面更冷淡。麦香村一碗羊肉面39元，添点小菜、饮品，一顿"快餐"动辄单客50元以上，是能开10万+店的种子吗？2015年以来，从西贝莜面工坊、西贝燕麦工坊到西贝燕麦面，麦香村从一口锅到一碗面，从油泼面到羊肉面，西贝五代店的每一次尝试都好比一根针，但每一针都没能扎中顾客需求的穴位。可贾国龙脸上很难看到一丝疲惫，似乎一点自我怀疑也没有。2019年贾国龙和我聊天时说："林男，你没发现我经常用精神胜利法自我激励吗？当别人都责备你时，要是自己再不激励自己……"沉吟片刻，贾国龙继续，"再说，自己佩服自己不行吗？"没错，世界上最伟大的激励，就是自我激励，自己相信自己，自己鼓励自己，自己让自己更有力量。

不甘心的贾国龙哪停得下来。"我感觉老板特别想亲手打造出一种很牛的模式出来。"有西贝干部私下对我说，"老板的人生召唤是什么？人们创造全新的可能，他自己也要创造全新的模式啊。对老板来说，最有诱惑的不是从1到100的复制，从0到1才叫创新。"

麦香村折戟一口锅、一碗面后，2017年9月，贾国龙还进出一个创意：国民食堂。

2017年，新零售被吹到风口，线下品牌里，7-11是新零售代表，也是实际上日本最大的餐饮企业。西贝也研究了7-11供应链的过人之处，刚好贾国龙不久前去香港参观了大家乐、大快活等几个品牌，他想，西贝五代店能不能重仓厨房，设计出多条生产线——蒸的、煮的、炒的、烤的，形成一座菜库，把天南地北的小吃集中在一起，顾客点单后，集成在一起上菜。10月，西贝在上海开三季度会，会前，贾国龙找华杉交流："我坐高铁从北京南站来，到上海虹桥站下，高铁站全是快餐，我就想西贝怎么能开一家店，把所有快餐'秒杀'？现有快餐都是单品模式，各卖各的，如果出一个食堂，通吃，体验超好，吃啥有啥，味道一流，这件事是不是西贝可以干？"

华杉心想，再"炮轰"贾国龙怕真撕破脸了，这回只是挺客气地提醒："世上没有通吃的生意啊，贾总。"此时的贾国龙好似一位迷宫中的将军，晕头转向，屡战屡败，屡败屡战。常言道，不撞南墙不回头，可在快餐这条道上，贾国龙撞了几次南墙也没回头。正当没人知道贾国龙还要拖着西贝大组织在传统快餐的路上"乱动""折腾"到哪里时，贾国龙自己却按下了快餐项目暂停键。

10月11日夜，西贝三季度会结束后，贾国龙突然召集高管开会，他说：

"今天听了一整天西贝莜面村业务的会，听到大脑缺氧、闭目养神那一瞬间，跳出一个念头：国民食堂，太难了，西贝莜面村的活儿还远远没做到极致顾客体验呢。一旦五代店全面铺开，两大战场同时开战，我突然觉得信心不足。不接触不知道，快餐是需要强大系统支撑的食品工业，与中餐简直不是一个行业。听报告时我对快餐还有了新想法，我看到了西贝莜面村全新的可能性。西贝莜面村可以持续迭代，比如抽出几个单品——面筋、羊肉串、肉夹馍做单品店。"

分部总经理齐立强发言："其实是'快餐'两个字把我们卡住了，我们老大们在一起总聊，西贝莜面村这么好的模式，为什么不继续打磨呢，快餐弄了半天都不知道弄了个啥事。"

副总裁邓德海发言:"西贝三代店模式来之不易,戳住劲儿再好好发展5年,干到1000家,西贝的影响力一定能超出行业,成为世界级品牌。"

高级副总裁姜鹰发言:"西贝继续巩固、扩大正餐第一品牌能带来巨大好处,休闲简餐确实是个战略机会,但我们的正餐思维像一堵墙挡着大家,几年后我们有了上百亿自有现金流,完全可以收购一家未来之星。"

但也有一些总部高管、大厨、分部总经理,因为"入戏"很深并看好快餐项目的前景,愿意继续探索快餐项目。贾国龙决定,现场举手表决:结果13人赞成继续推进快餐项目,21人赞成暂停快餐项目。

"好,现在我们就手起刀落,把麦香村项目砍了。"贾国龙拍板。他说:"我过于自信,但醒得快。"

然而,负责公共事务和媒体关系的副总裁楚学友站起来,面露难色,问贾国龙:"贾总,之前咱们麦香村'开遍全球10万+'的大牛都吹出去了,吹得那么响,这突然一撤,对外界怎么交代?"

是个问题啊。不料,贾国龙把两颗大眼珠睁得圆圆的,眉毛竖成倒八字,一本正经地对楚学友说:"我们的能力就是知错、认错、改错,千万别脑子转过来了面子转不过来。再不行我们可以专门开一个记者招待会，当众认个错，说快餐我们不干了！"

"那人家才夸你高明呢！"话音刚落，坐在我身旁的分部总经理王龙龙轻声嘀咕道。

会议结束已过午夜12点，我陪贾国龙走进下榻酒店旁的一家小烩面馆，点了几盘饺子，几瓶啤酒，吹着上海松江的夜风，贾国龙长舒一口气，摆着手说："过去每走进一家小饭馆，就想着如何与它竞争，现在放下了，不想这个事啦。"

企业办不好，老板扯什么面子？！

几个月后的2018年12月，我请贾国龙复盘麦香村之战及之前的五代店探索，"像一场噩梦。"贾国龙说自己全身心投入800多天，3000多万直接投入，过程中那些挫败感确实很强，但吃了亏了，这是最大的成长：一是今后西贝战略不会再扎进传统快餐；二是"在麦香村中我已经是运动员了，今后我再也不亲自碰具体业务，我的任务就是搭平台，就是打造西贝人才生态系统，把资源配给他们，让他们去干"。

五代店探索虽然如一场噩梦，但贾国龙一点也不后悔。

因为他相信一句话：弯路也是路。

记得任正非说过，在飞机上鸟瞰长江，发现她总是弯弯曲曲地流向大海。弦外之音：她怎么不直接流呢？贾国龙说，这和做企业是一个道理，做企业哪能不走弯路？绕不过去的。也许不错那一下它就对不了。真实的商业就是不停地对对错错，错错对对，怕错，你就不会有大成绩。

这一条道理各行各业也是通的。NBA巨星勒布朗·詹姆斯曾这样评价"篮球之神"乔丹："我觉得乔丹最了不起的地方，就是他从不害怕失败，不害怕别人对他指手画脚，不害怕投最后一投，更不害怕出现失误，这是他能如此杰出的原因。而这是我最大的障碍，我太渴望胜利，以至于我害怕失败。"

贾国龙常对干部说："你看登珠峰，从不是直线，都是迂回，遇到恶劣天气，有时就大睡三天，但队伍不跑、不散。再看长征，打了多少败仗，兜了多少圈子，但败仗也是成长。厉害的是见招拆招，从错误中总结，快速掩埋尸体继续前进；厉害的是过程中多少弯路、错误、折腾，但队伍信念、作风、方向没变。打过几次大败仗，只要活下来，更厉害！"

2018年1月西贝年会上，麦香村项目团队获得了2017年度CEO特别奖，奖金100万元。从麦香村摇篮中孕育出的一支人马，带着西贝莜面村杀入了外卖大市场。

至于贾国龙敢于公开认错，他说：

"我属于对失败脸皮厚的，好了伤疤忘了疼。我对我犯过的错没有一点点不好意思，无论对内对外，讲自己做错的事，经常脱口而出，当时就是那样想、那样做的，就是那样幼稚、糊涂、犯傻、不靠谱……没有面子问题。最终决定一个老板面子的是成果，企业办好了老板就有面子，企业办不好，老板有什么面子！"

暂停麦香村项目后，贾国龙会停下能开10万+门店的"小西贝"探索的脚步吗？您猜对了，要停下来就不是贾国龙了。2018年，探索"小西贝"的第三幕"大戏"——超级肉夹馍开演。相比西贝燕麦面和麦香村，贾国龙这回更多用心、用脑，而不是亲自上手指挥具体业务。兜了几个大圈子后，进入2019年的贾国龙仍在苦苦思索：

西贝究竟有没有快餐基因？

西贝这片林如果长不出快餐，是不是可以另种一棵树，用投资的方式另长出一棵树、一片林？

近四年"小西贝"探索，西贝一直都在或多或少临摹别的品牌，但只有真正原创的模式——哪怕是西贝莜面村刚进北京时的特色，或是遍布全国大城市shopping mall的西贝三代店——才有真正的生命力。如何从临摹到原创?

…………

最终,贾国龙究竟能不能实现他的雄心壮志:全球每一个城市每一条街,都开有西贝,一顿好饭,随时随地?能不能让10万+小老板,让更多更多的人"因为西贝,人生喜悦"?

有相对中立者感慨:"开10万+'小西贝'是贾老板的心结和夙愿,可历经近四年折腾,还是没找到北!白白扔掉6000多万,壮志未酬,心有不甘啊!"

也一定会有不那么友好的白眼:"哼,西贝新模式又要开遍全球,要通吃,又要高级,玩儿小贵的品质游戏,身段降不下来,真是'高不成低不就',老贾这样折腾下去,会不会败得很难看?"

"人们尽可以把话说得很难听,我都可以很坦然地回应你,因为我不像你那样想问题——谁说我败了?这场游戏才刚刚开始,怎么就说我败了呢?"哈哈一笑后,贾国龙认真地看着我说,"你知道在这四年中,我的个人能力、整个西贝的组织能力有多大提升?和原地不动能一样吗?"

2019年正月十六,呼和浩特,西贝新年开工会上,人们又发现了两个新的店面模型:西贝小吃铺、西贝酸奶站。西贝人心里嘀咕：难道2018年忙活了一整年，北京、上海、深圳开出近十家店的超级肉夹馍又要改弦更张？2月20日，贾国龙在开工会上坦承，一旦遇上低价模式，超级肉夹馍招架不了，这就是麻烦，所以又做了一个实验——西贝小吃铺，边界更大，装入更多西贝莜面村可以小型化、精致化的菜品，会不会比超级肉夹馍更能适应市场？至于西贝酸奶站，西贝多年前就在内蒙古正蓝旗建设了一座酸奶工厂，一心要把西贝酸奶打造成西贝莜面村的大单品，2019年，为使西贝莜面村更有"戏"，他计划下半年在全国每家西贝莜面村门店都植入一个酸奶站或酸奶推车，售卖的西贝酸奶，低温、现发酵、更多益生菌。超级肉夹馍变西贝小吃铺，外加西贝酸奶站助战，能否承载西贝愿景？当天，贾国龙也底气不足，对台下百余名西贝干部老实交代："4年了，6000多万扔进去，西贝五代店还没找到感觉，而且越找越乱，越往深探越发现，这次需要的能力，和西贝30多年构建的能力不一样。西贝一直是高举高打，优质优价，但在'小西贝'探索上，这一套不好使。"

开工会结束后，贾国龙和几位西贝干部及业内专家开进沙漠深处，迎接前来做客、研讨的香港餐饮企业家代表团。小范围内部研讨，自然绕不开西贝新模式，可"神仙会"开成了批判会。超级肉夹馍做入口？就是一家传统快餐，没戏！西贝小吃铺？边界太宽，没焦点，不靠谱……或许是因为讨论始终无法破局太沉闷，也或许是因为连日辛苦，精力旺盛的分部总经理王龙龙竟然睡着了，沉重的呼噜声成了会场主角，旁人正要叫醒王龙龙，贾国龙摆手阻止："不要惊扰他！"并让大家小声讨论。内心，贾国龙却有一丝心灰意冷：西贝新模式探索难道真的无解？难道自己走进了死胡同？正当山穷水尽之时，贾国龙心里不知怎么突然冒出三个字，他重重地拍了一下沙发扶手，从半躺着的沙发中猛地蹿起来，把身旁人吓了一跳。后来贾国龙说，那三个字一闪现，他内心激动得都在抖！哪三个字？

酸，奶，屋！

酸奶屋创意蹦出来是下午5点，贾国龙客气地把香港餐饮老板和行业专家请去用晚餐，留下西贝干部，讲西贝酸奶屋的灵感，边讲边找感觉，一口气讲了半个钟头。那半个钟头，贾国龙说自己创意不断涌现，真的如同萨满巫师附体。"西贝酸奶屋的创意一出来，你知道我什么感觉？"贾国龙之后对我说，"把西贝酸奶屋模型创造成功后，我就可以给世界一个交代了。"他甚至提起孔子的那句话："朝闻道，夕死可矣。"

贾国龙的这个神奇时刻发生在2019年2月22日，之后是三天昼夜奋战。2月25日，西贝酸奶屋居然从创意变为现实，在西贝莜面村北京三元桥店接待内部顾客。西贝酸奶屋什么样？既然叫西贝酸奶屋，自然少不了门店现发酵的益生菌酸奶。吃的有25克一串的羊肉串、鸡肉串，用西餐盘呈现的小份面筋和小份五彩燕麦面，迷你尺寸的猪肉、牛肉、鸡肉三款肉夹馍，肉桂苹果燕麦粥，西式果蔬沙拉，蒙古奶茶——这些都是按贾国龙手写菜单所创。在2月23日清晨写下的那张纸上，还有贾国龙对西贝酸奶屋商业模式的设计：

"30到150平米面积，20到50平米加工面积，60万到150万投资，目标回收期6个月到12个月，3到9名伙伴同时在店，目标人效3000元以上。堂食、外带、外卖，目标客单价15到50元。"贾国龙说，西贝酸奶屋是"轻模式，重体验"，这种游戏西贝能玩儿，产品轻，但设备、投资要重，体验要重，不过因为模式很轻，再重也重不到哪儿去。因此："酸奶屋上可升天，下可入地，可以承受最贵租金，也可开在边缘社区，甚至去正蓝旗开家店都没问题。"

西贝酸奶屋让贾国龙如此激动，窍道在于"酸奶屋"这个入口。贾国龙说，酸奶很神奇，既是"饮"，又是小吃，还可代餐，更代表健康，随时随地来西贝酸奶屋喝一杯酸奶，任何人都毫无压力。以"饮"为入口，以饮带餐，很巧，接下来就可以往里装小吃小喝，完全是西贝莜面村能力的延伸——装西贝莜面村适合小型化的烤串儿、燕麦面、奶茶。最最最重要的是每一个单品的极致表达：小型化、精致化、时尚化、国际化。

林男看来，之前的西贝燕麦面、麦香村、超级肉夹馍，都还是"随时随地，一顿好饭"，都还在"一顿饭"上较劲，而西贝酸奶屋破了局，是"随时随地，小吃小喝"：坐着吃、站着吃、走着吃，早上来、下午来、夜里来，随时随地，想吃就吃。

之后的日子里，西贝酸奶屋的创造让贾国龙越发兴奋。2019年4月初西贝一季度会上，贾国龙展示出一张火箭图，火箭图只有三个部分：西贝蓝图、西贝莜面村、西贝酸奶屋。火箭底座是西贝蓝图，西贝蓝图好比火箭弹药库和能量舱；中间是西贝莜面村；在西贝莜面村基础上生长出来的，真正把火箭送上太空并使之实现自转的——开10万+店的箭头——正是西贝酸奶屋。

贾国龙说，这张图，就是西贝全部的战略。他的口气斩钉截铁："这就是西贝的全部，至少在我有生之年。"

创造喜悦人生,关键词是"创造"

实话实说,这几年来,连身为旁观者的我,有时也为"小西贝"能否成功担心。贾国龙有一次对我说:"林男,你以后能不能不用'担心'这个词,换一个词,因为'担心'是一种负能量。'担心'是事情还没发生,就提前预想了一个不好的结果,这会阻碍你许多深度思考和行动,西贝人的词典里没有'担心'这个词。我有一句话,'刮风时爱风,下雨时爱雨',就好像一切的一切都是老天安排好的,酸甜苦辣都是营养,就觉得什么事你尽管来吧,遇到什么解决什么,解决完就完了,愉快地开始下一次。"

换什么词呢?

"西贝的使命是'创造喜悦人生',人们经常以为'喜悦人生'是关键词。"贾国龙说,"错,西贝的关键词是'创造',是'创造'喜悦人生,是超越各种艰难险阻,'创造'全新的可能。"

探索新事物是贾国龙的天性。有一回,贾国龙夫妇和喜家德虾仁水饺创始人高德福、九润资本创始人阮志勇在黑鸡小馆吃饭，一道榴莲鸡汤颇受好评。只见贾国龙进入沉浸状态，夹起桌上各种菜，甜的、酸的、辣的，蘸着榴莲鸡汤就往嘴里送，还怂恿妻子张丽平："来，你也试试。"张丽平勉强尝了一口，眉头一皱，心说：什么玩意儿啊。贾国龙斜了妻子一眼，心说：你懂什么啊。继续闷头沉浸在各种试验中。

相比未来的各种可能，贾国龙对过去的事物有点不屑一顾。小学毕业那年，老师让交两毛钱办毕业证，贾国龙心想，要毕业证有啥用，从家里要来两毛钱，买好吃的，吃了。高考一结束，贾国龙翻出初高中毕业证和复习资料，一把火全烧了。

贾国龙真正在乎的不是物，是人。陪伴西贝这几年，我懂得了"家和万事兴"，此言非虚。贾国龙和妻子张丽平，总是形影不离，人称"神雕侠侣"。2017年底我采访完张丽平，她说有句话不好当面讲，要之后找机会告诉我。几天后，她给我发来一段微信文字，张丽平写道："20年前贾国龙给我写过一句话：一生只做一件事，打造西贝；一生只爱一个人，张丽平。"

2017年盛夏的一个夜晚，我和贾国龙、张丽平在西贝诞生地临河的一家酒店里聊天。晚风清爽，望着窗外远处熟悉的景物，贾国龙回想起上世纪九十年代与"江湖老大"们的那几场恶仗后，自己忙着西贝的生意，张丽平不顾被对方复仇的危险，每天独自骑着自行车到医院给被西贝员工打伤的"江湖老大"送饭……虽然贾国龙坚信邪不压正，但也十分庆幸："干了那么多仗，没出一条人命，没树一个敌人，我觉得自己真是幸运，会不会真有上帝存在，觉得你小子还能做点事，所以留着你……"

身旁，张丽平笑眯眯地望着丈夫，轻声说："所以你不能辜负上帝啊！"

马上扫二维码,关注 **"熊猫君"**

和千万读者一起成长吧!

图书在版编目（CIP）数据

西贝的服务员为什么总爱笑：贾国龙激励3万员工的管理哲学/贾林男著．— 上海：文汇出版社，2019.7
ISBN 978-7-5496-2926-8

Ⅰ.①西… Ⅱ.①贾… Ⅲ.①饮食业 – 商业经营 – 经验 – 中国 Ⅳ.①F719.3

中国版本图书馆CIP数据核字（2019）第133392号

西贝的服务员为什么总爱笑：贾国龙激励3万员工的管理哲学

作　　者　/	贾林男

责任编辑　/	若　晨
特邀编辑　/	唐正瑛　沈　骏
封面装帧　/	辛国栋

出版发行　/	文汇出版社
	上海市威海路755号
	（邮政编码200041）
经　　销　/	全国新华书店
印刷装订　/	嘉业印刷（天津）有限公司
版　　次　/	2019年7月第1版
印　　次　/	2019年7月第1次印刷
开　　本　/	890mm×1270mm　1/32
字　　数　/	201千字
印　　张　/	11.25

ISBN 978-7-5496-2926-8
定　　价　/　56.00元

侵权必究
装订质量问题，请致电010-87681002（免费更换，邮寄到付）